चैम्पियन हैं हम

चैम्पियन हैं हम

भारत भर के बच्चों की प्रेरक कहानियाँ,
जो बदलाव के चैम्पियन बने

रश्मि बंसल, देवेन्द्र टाक

अनुवाद
उर्मिला गुप्ता

UNBOUND SCRIPT

First published in English 'We are Champion' by Bushfire Publishers, 2020

प्रथम संस्करण : 2021

अनबाउंड स्क्रिप्ट
ISBN : 978-93-92088-04-9

मूल्य : ₹295

प्रकाशक : अनबाउंड स्क्रिप्ट
एच-604, प्लॉट नं.-49
इन्द्रप्रस्थ एक्सटेंशन, दिल्ली- 110 092
वेबसाइट : www.unboundscript.com
ई-मेल : books@unboundscript.com

मुद्रक : यश प्रिंटोग्राफिक्स,
उत्तर प्रदेश

CHAMPION HAIN HUM
by Rashmi Bansal, Devendra Tak
Translated by Urmila Gupta
Photographs by Raghav Chawla

दुष्यंत टाक

निवेदिता बंसल

और सभी बच्चों को समर्पित। इस उम्मीद के साथ कि वो
इसे और दूसरी बहुत-सी किताबें पढ़ेंगे।

क्रम

लेखकों के मन की बात

जब आप भारत के 10 राज्यों के इन 15 बच्चों के जीवन की सच्ची कहानियां पढ़ेंगे, तो पाएँगे कि उनसे मिलना हमारे लिए कितने गर्व की बात है। 2004 से, जब मैं इंटरनेशनल कमेटी ऑफ़ रेड क्रॉस (ICRC) से जुड़ा, तभी से विभिन्न सन्दर्भों में दुनिया भर के इन बेमिसाल बच्चों से मिलना मेरे काम का हिस्सा रहा। कम्युनिकेशन प्रोफेशनल के तौर पर ICRC और फिर बाद में इंटरनेशनल फेडरेशन ऑफ़ रेड क्रॉस व रेड क्रेसेंट सोसाइटीज, CIVICUS : वर्ल्ड अलायन्स फॉर सिटीजन पार्टिसिपेशन, यूनिसेफ और सेव द चिल्ड्रन से जुड़ पाना मेरे लिए सच में ख़ुशक़िस्मती रही। तभी मैं उनके जीवन की गहराइयों में उतर पाया। मैं आभारी हूँ कि शानदार संस्थाओं से जुड़ने की वजह से मैं ऐसे सैकड़ों बच्चों के साथ समय बिता पाया। ये 15 बच्चे उन्हीं में से हैं।

डेवलपमेंट सेक्टर में काम करने (पत्रकारिता का करियर छोड़कर, जो तब काम करने लायक भी था। वहीं अपने करियर के शुरुआती दिनों में, 'द इंडिपेंडेंट' में काम करने के दौरान मैं रश्मि बंसल से मिला।) की वजह से मैं उस जगह तक पहुँच पाया, जहाँ मेरा नजरिया इतना विस्तृत हुआ, जितना कि मैंने सपने में भी नहीं सोचा था। मुझे उस अंतराल का एहसास हुआ जो मेरे और दूसरे लोगों के बीच था, क्योंकि उनके पास वो विशेषाधिकार नहीं थे, जिन पर हम

कभी ध्यान भी नहीं देते।

रश्मि के एक कामयाब लेखिका बनने के बाद, मेरे भी मन में किताब लिखने का ख्याल आया और रश्मि भी बीच-बीच में मुझे लिखने के लिए प्रेरित करती रहीं। पर मेरे मन में सालों तक ऐसा कोई विचार नहीं आया जो दिलचस्प होने के साथ-साथ उपयोगी भी हो। लेकिन धीरे-धीरे उन बच्चों की कहानियाँ लिखने का आईडिया आकार लेने लगा, जो न सिर्फ़ अपने मुश्किल हालातों का सामना कर रहे हैं, बल्कि दूसरों की भी मदद के रास्ते निकाल रहे हैं।

इस किताब में दर्ज बच्चे न सिर्फ़ ख़ुद कठिन चुनौतियों से जूझ रहे हैं, बल्कि अपने साथ दूसरों के लिए एक सकारात्मक बदलाव की दिशा में क़दम बढ़ा रहे हैं। भारत की आबादी में 40 प्रतिशत बच्चे हैं, और अनुमान है कि वर्ष 2020 में भारत दुनिया का सबसे युवा देश रहा, जहाँ काम करने वाली आबादी 64 प्रतिशत थी (हालाँकि वैश्विक महामारी ने काफ़ी आंकडें हिला दिए हैं)। ऐसे में हमें इन बच्चों पर पहले से भी ज़्यादा ध्यान देने की जरूरत है। अगर भारत के बच्चे अनपढ़, अस्वस्थ और असुरक्षित होंगे, तो उसके गंभीर परिणाम पूरे देश और दुनिया को भुगतने होंगे।

इन बच्चों की कहानियां हैरान कर देने वाली और प्रेरक हैं और बेशक इन्हें ज़्यादा से ज़्यादा लोगों तक पहुँचना चाहिए। रश्मि को इस प्रयास में साझेदार बनाने में थोड़ी मेहनत तो लगी, लेकिन आख़िरकार सारे बिंदु जुड़ते गए–और हमारा ये प्रयास आपके सामने है!

देवेन्द्र टाक

नई दिल्ली

जनवरी 2020

मैंने 'द इंडिपेंडेंट' में काम करना तब शुरू किया था जब मैं कॉलेज के तीसरे साल में थी। वहाँ के ज़्यादा पत्रकार मुझे बच्चा समझकर, मेरी अनदेखी किया करते (उन दिनों बालों की सफेदी का अधिक वजन हुआ करता था!)। लेकिन देव (उनके सारे दोस्त उन्हें इसी नाम से जानते हैं) अलग थे। वो हमेशा मुझे बातचीत में शामिल करने का प्रयास करते, मुझे प्रोत्साहन देते, और ऑफ़िस पॉलिटिक्स से निबटने की टिप्स भी देते।

मैं देव की आभारी हूँ कि उन्होंने एक टीनेजर को अच्छा पत्रकार बनने के लिए उचित माहौल उपलब्ध कराया। और इस किताब के पीछे भी मुख्य रूप से यही प्रेरणा है।

इस प्रोजेक्ट से पहले मैं सेव द चिल्ड्रन के काम के बारे में ज़्यादा नहीं जानती थी। लेकिन जब मैं कहानियों की तह तक जाने लगी, तो मैं उनके काम से हैरान रह गई।

मेरा पिछला काम ज़्यादातर उद्यमशीलता पर केन्द्रित रहा है—जहाँ सुनिश्चित लक्ष्य थे। बल्कि मैंने जिन सामाजिक उद्यमों के बारे में भी लिखा, उनके प्रभाव को भी आंकलित किया जा सकता है। लेकिन जब मैं इस किताब में वर्णित बच्चों से मिली, तो समझ आया कि सामाजिक बदलाव कहीं ज़्यादा जटिल चीज होती है।

कानून बनाना आसान होता है लेकिन उन्हें जमीनी तौर पर लागू कराना बहुत मुश्किल है। बाल-विवाह, बाल-मजदूरी और दहेज़

तक लगभग सभी सामाजिक बुराइयां गैर-कानूनी हैं। फिर भी ये प्रथाएँ बन्द नहीं हुई हैं। और ये होंगी भी नहीं, जब तक कि बदलाव की लहर समाज के अन्दर से ही नहीं आएगी। यही तो 'चाइल्ड चैंपियन' मॉडल की ख़ूबसूरती है, जो लड़के और लड़कियों को सक्षम कर उन्हें उनके समुदाय के प्रति सजग करती है।

सेव द चिल्ड्रन का 'ललिता और बाबू' ट्रेनिंग मोड्यूल इस प्रोग्राम की सफलता का आधार है। ये मुश्किल विषयों को भी दिलचस्प और आसान बना देता है कि ग्यारह साल का बच्चा भी सहजता से बात को समझ ले। मैं ये जानकार हैरान रह गई कि ये लाइफ स्किल एजुकेशन हैंडबुक मूल रूप से स्वीडन में इस्तेमाल की गई थी और फिर बाद में इसे भारत के लिए अपनाया गया। मेरा मानना है कि इस विषय को हमारे नेशनल स्कूल सिलेबस का हिस्सा होना चाहिए!

देव ने ही इस किताब के लिए जरूरी जमीनी काम किया था, मैं इससे बाद में जुड़ी। मैंने सोचा कि मैं बस आराम से ऑडियो और विडियो में जमा सामग्री को 'कहानी का जामा' पहना दूँगी। लेकिन बात कुछ जम नहीं रही थी। तो मैं जहाँ-जहाँ संभव हुआ, ख़ुद जाकर बच्चों से मिली। मुम्बई और दिल्ली की झुग्गियों में और झारखंड व पश्चिम बंगाल में।

इन सबमें सबसे यादगार सफ़र रहा ओडिशा के कंधमाल जिले में बन्दुदी गाँव का। भुवनेश्वर से सड़क मार्ग से 6 घंटे का सफ़र तय करके वहाँ तक पहुँचा गया। झूलिमा के घर में मेरा गर्मजोशी से स्वागत हुआ। झूलिमा एक आदिवासी लड़की हैं, जो बाल-विवाह के विरुद्ध जमकर खड़ी रहीं। जिस गर्व और आत्म-सम्मान के

साथ ये परिवार अपने कठिन जीवन को जी रहा है, उसने मुझे अन्दर तक छुआ।

मुझे उम्मीद है कि ये किताब अमीर और गरीब, शहरी और ग्रामीण, दाता और प्राप्तकर्ता के बीच एक पुल निर्मित करेगी। 'हम' और 'उन' के बीच खड़ी ये अदृश्य दीवार ढह जाएगी।

जब हम–100 करोड़ 30 लाख लोग–एक साथ खड़े होंगे, तो वो ताक़त उत्पन्न होगी जो दुनिया ने पहले कभी नहीं देखी होगी।

उसमें सभी के विकास के लिए मजबूती, उद्देश्य, शुद्धता और समभाव होगा।

रश्मि बंसल

मुम्बई
जनवरी 2020

लड़ेंगे

अनोयारा ख़ातून

उम्र 23 साल, संदेशखली (पश्चिम बंगाल)

एक नई सुबह

13 वर्ष की उम्र में, अनोयारा के लालची अंकल ने उसे नई दिल्ली में बेच दिया। वहाँ से बचाए जाने के बाद उसने अपने जैसे सैकड़ों बदक़िस्मत बच्चों को उस दलदल से बचाया।

अनोयारा के गाँव में चक्रवातों का आना कोई नई बात नहीं थी, जो जब तब उनके जीवन और परिवारों को बिखरा देता था।

"लेकिन मेरे लिए, उन चक्रवातों से भी बड़ा तूफ़ान था, मेरे पिता की मृत्यु... उसने सब कुछ बदल दिया।"

तब तक, अनोयारा खातून ने जीवन में किसी मुश्किल का सामना नहीं किया था। उनका परिवार बंगाल के गाँव के किसी भी साधारण परिवार की तरह ही था, जिसमें बहुत से बहन-भाई और नजदीक ही रहने वाले कई काका-काकी थे। वह घर किसी भी आम गृहस्थी जैसा ही था, जिसमें बच्चों को कभी-कभी माछ-भात भी खाने को मिल जाता था। अब्बू अपने सभी बच्चों को खूब लाड़ करते थे, ख़ासकर अपनी बेटियों को।

हालाँकि, ज़्यादा पढ़े-लिखे न होने की वजह से, अब्बू ने अपनी दो बड़ी बेटियों की शादी कम-उम्र में ही कर दी थी। उस समय हर कोई ऐसा ही करता था।

"लेकिन जब अब्बू को एहसास हुआ कि बाल-विवाह ग़लत है, तो उन्होंने मेरी दूसरी बहनों को 7वीं कक्षा तक पढ़ाई करने दी।"

अपनी चौथी बेटी की शादी के 6 महीने बाद ही, अब्बू चल बसे। अनोयारा उस समय महज 5 साल की थीं।

जब वो अपने शोक और संताप से निकलने की कोशिश कर ही रहे थे कि उन्हें जीवन में एक नए दर्द का एहसास हुआ। भूख का दर्द। अब इतने बड़े परिवार को खिलाने का जिम्मा कौन लेता? अनोयारा

का भाई इतना बड़ा नहीं इतना बड़ा नहीं था कि अपने कंधों पर इस ज़िम्मेदारी को उठा पाता पर इस ज़िम्मेदारी को उठा पाता। अम्मी अनपढ़ थीं। बड़ी मुश्किल से परिवार अपना गुज़ारा चला पा रहा था। कई रातों को अनोयारा को भूखे ही सोना पड़ता ।

एक दिन, एक दूर का रिश्तेदार उनके घर आया और अम्मी से कहा।

"बहन, मैं जानता हूँ कि तुम मुश्किलों का सामना कर रही हो... मैं तुम्हारी मदद करना चाहता हूँ।"

आदमी ने प्रस्ताव दिया कि वो अनोयारा को कोलकाता ले जायेगा, जहाँ वह एक अच्छे परिवार के साथ रहेगी और घर के कुछ काम कर देगी। लेकिन उसने भरोसा दिया कि वे लोग उसकी अच्छी देखभाल करेंगे।

"मेरी अनोयारा को मुफ़्त में खाना और शिक्षा मिलेगी–अच्छा है, ये ख़ुशक़िस्मत बच्ची है!" अम्मी ने सोचा।

उन्हें चाचा की बातों और उसके वादे पर भरोसा था। तो, 11 साल की उम्र में, अनोयारा को संदेशखली गाँव से दूर भेज दिया गया। तब तक वही गाँव उसकी दुनिया था और वह दिल में उम्मीद लिए वहाँ से चल दी। अनोयारा को याद है कि वह अप्रैल का महीना था, और उसने बस छठी क्लास का इम्तिहान ही दिए थे।

संदेशखली गाँव, बांग्लादेश की सीमा से कोलकाता तक का सफ़र काफ़ी लम्बा है। लेकिन अनोयारा नहीं जानती थीं कि उन्हें तो और भी लम्बा सफ़र तय करना था।

“कोलकाता की बजाय, वह मुझे दिल्ली ले गए और एक बड़े घर में बन्द कर दिया...” उन पलों को याद करते हुए अनोयारा काँप रही थीं।

कड़वे अनुभवों को फिर से याद करना तकलीफदेह होता है। इतना ही कहना काफ़ी होगा कि वहाँ न तो भरपेट खाना मिला और न पढ़ाई। मिला तो बस बहुत-सा ताना। भावनात्मक घाव। और जिस्मानी हिंसा भी। एक घटना उन्हें साफ़-साफ़ याद है, जब घर की मालकिन ने उनकी तरफ़ गर्म पानी फेंका। क़िस्मत से वह अपनी जगह से हट गईं और इस तरह जलने से बच गईं।

वहाँ उस घर में एक और लड़की फँसी हुई थी, उनसे उम्र में दो-एक साल बड़ी। दोनों को बंगाली में बात करना आता था, लेकिन उन्होंने कभी एक-दूसरे से बात करने की हिम्मत नहीं की। उनके दिलों में दहशत इस कदर समाई थी।

लेकिन जिस दिन अनोयारा पर गर्म पानी फेंका गया, तो वो लड़की उन्हें बचाने के लिए आगे आई। इस वजह से उसे बहुत पीटा भी गया।

“मुझे आज भी उसके रोने और चिल्लाने की आवाज़ें सुनाई देती हैं...” कहते हुए अनोयारा की आवाज़ में दर्द था।

वो सब 4-5 महीने चला। उस समय के दौरान अनोयारा का अपने परिवार से कोई संपर्क नहीं हो पाया। उनकी माँ को विश्वास था कि ‘सब ठीक है’। हालाँकि एक दिन दरवाज़े पर हुई दस्तक ने अम्मी को हैरान कर दिया। वहाँ एनजीओ से एक महिला आई थी, जिसे कुछ सवाल पूछने थे।

"आपके कितने बच्चे हैं?" उसने पूछा।

अम्मी ने बताया कि उनकी 4 विवाहित बेटियाँ हैं और एक बेटी दिल्ली में काम करती है। एनजीओ से आई महिला का माथा कुछ ठनका। जब उसे पता चला कि अनोयारा महज 11 वर्ष की है, तो उसे कुछ खतरे का आभास हुआ। इसी वजह से पवनार धगागिया सोशल वेलफेयर सोसाइटी* घर-घर जाकर सर्वेक्षण कर रही थी।

"अपनी बेटी को फोन करके पूछिए कि वह कहाँ और कैसी है," एनजीओ वर्कर ने अम्मी से कहा। 'और मुझे बताइए कि उसने क्या कहा।'

वह महिला फिर अगले सप्ताह आई और फिर उसके अगले सप्ताह भी, हर बार उसका एक ही सवाल होता, जिसका अम्मी के पास कोई जवाब नहीं था। अब उन्हें चिन्ता होने लगी थी। उन्हें एनजीओ वाले लोगों ने बताया था कि हमारे इलाके के और भी कई बच्चों को झूठे वादे करके बड़े शहरों में भेजा गया है। उनसे या तो घर का काम करवाया जाता है, या और भी बुरे तरीकों से उनका शोषण होता है।

'पिछले साल 100 से ज़्यादा लड़कियों को रेड-लाइट एरिया में बेचा गया था... इसीलिए हमें आपकी बेटी की चिन्ता हो रही है।'

बहुत समझाने के बाद, अम्मी ने उस 'चाचा' का नंबर उन लोगों को दिया, जो अनोयारा को अपने साथ ले गया था। अब वो लोग उस आदमी पर दबाव बनाकर लड़की का पता लगाने की कोशिश

* सेव द चिल्ड्रेन के लोकल पार्टनर

कर रहे थे। वह और भी कई गैर क़ानूनी कामों से जुड़ा था, तो उसने सोचा कि क्यों न उस लड़की को वापस लाकर इस मुसीबत से पीछा छुड़ा ले।

तो उसने कुछ मोल-भाव किया और किसी तरह अनोयारा को उसके मालिक के घर से निकलवा लिया। वह बंगाल की गाड़ी में बैठ चुके थे। उसने अनोयारा को उसके गाँव से कुछ दूर ही छोड़ दिया, वह जानता था कि उसकी माँ का सामना नहीं कर पाएगा। लेकिन उसे कहाँ पता था कि वह छोटी बच्ची मन ही मन उसे कोस रही है।

"तुम्हारी वजह से। मैंने बहुत सहा है... मैं सबको तुम्हारी करतूत बताउंगी!" लड़की ने बिना डरे कहा।

अपनी वापसी पर अनोयारा ख़ुश थी और उसने एक चैन की सांस ली थी, फिर भी एक उदासी और एक गुस्सा उसके अन्दर घर कर गया था। उसका मन उस दूसरी लड़की के बारे में सोचकर उदास हो जाता था, जो अभी भी उसी घर में फंसी हुई थी। उसके गुस्से की वजह वो सवाल था, जो रह-रहकर उसे खाए जा रहा था कि ये सब मेरे साथ ही क्यों हुआ? ये गुस्सा अक्सर विस्फोटक रूप में बाहर आता, और कई बार उन लोगों पर ही जो उसकी मदद करने की कोशिश कर रहे थे।

"जब मुझे घर में बन्द करके, मेरा शोषण किया जा रहा था, तब तुम लोग कहाँ थे?" वह रोकर, चिल्लाते हुए कहा करती।

"मैं ऐसी दुनिया की तलाश में हूँ जहाँ हर लड़की
के पास पंख होंगे... जिनसे वो इस खुले आसमान
के नीचे उड़ सके।"
UN

मैं नहीं चाहती कि किसी और बच्चे को वो सब झेलना पड़े, जो मैंने झेला है।

यद्यपि अनोयारा ने दोबारा से स्कूल में दाख़िला ले लिया था, लेकिन उसका मन पढ़ाई में नहीं था। उसे लगता कि अब इस सबका कोई मतलब नहीं था–उसके मन को गहरा आघात पहुँचा था।

इस मुश्किल समय में, मल्टी-एक्टिविटी सेंटर (MAC)* के स्टाफ ने बहुत धैर्य और समझ से काम लिया। उन्होंने अनोयारा को बहुत सी ग्रुप एक्टिविटी का हिस्सा बनाया, उसे ट्यूशन के साथ ही खूब सारा प्यार और देखभाल भी दी। पश्चिम बंगाल में सेव द चिल्ड्रेन के प्रमुख, मानब रे को एहसास हुआ कि अनोयारा कितनी निडर और साफ़ बोलने वाली थी।

"बस उसके गुस्से और ऊर्जा को सही जगह लगाने की ज़रूरत थी," उन्होंने सोचा।

इसमें समय और बहुत सा मार्गदर्शन लगा, लेकिन अनोयारा की बेचैनी को सही दिशा मिलने लगी। अतीत को बदला नहीं जा सकता था लेकिन उसके जैसे दूसरे बच्चों के भविष्य का क्या? सेंटर पर वो ऐसे कई बच्चों से मिली, जो बहुत भयानक शोषण का शिकार हो चुके थे। वे सब नीची नज़र करके बैठते, वे ख़ुद से शर्मिंदा थे और एक भी शब्द नहीं बोल पाते थे।

---

* स्कूल छोड़ चुके बच्चों के लिए कुछ नया और रोचक सीखने की जगह, जिससे वो दोबारा से सिस्टम का हिस्सा बनने की कोशिश कर सकें।

काउंसलिंग के कई दौर के बाद उन बच्चों में अपनी कहानी साझा करने की हिम्मत आ पाती थी, और उनकी कहानियाँ सुनकर तो रूह तक काँप उठती थी...

एक लड़की को इलेक्ट्रिक प्रेस का इस्तेमाल करना नहीं आता था। उससे ग़लती से अपनी मालकिन की साड़ी जल गई। उस औरत ने सजा के तौर पर उस लड़की के शरीर को आगे और पीछे से उसी प्रेस से जला दिया।

"मैं उनके घर में नौकरानी का काम कर रही थी लेकिन जब भी साहब की पार्टी होती तो वह ज़बरदस्ती मुझे मेहमानों के साथ गंदा काम करने के लिए कहते," एक अन्य बच्ची ने अपनी आपबीती सुनाई, जो कई आदमियों के हाथों बलात्कार का शिकार हुई थी।

"उनके सामने मेरी तकलीफ तो कुछ भी नहीं थी," अनोयारा ने सोचा।

वहाँ ऐसे लड़के थे, जिन्हें जबरन खदानों में काम करना पड़ा था, और उनका भी शारीरिक शोषण हुआ था। वहाँ ऐसी लड़कियाँ थीं, जिन्होंने मजबूरी में मसाज पार्लर में काम किया और शारीरिक शोषण का शिकार बनीं।

इन कहानियों को सुनकर अनोयारा का ख़ून खौलने लगा। उसने अपने गुस्से को रचनात्मक कार्यों में लगाने की ठानी। अनोयारा अपने गाँव के बच्चों के ग्रुप का हिस्सा बन गईं। इस ग्रुप का मुख्य काम जागरूकता फैलाना था, और इसके लिए वो बच्चे हर घर में जाकर सर्वे करते। वो उन बच्चों का पता लगाते, जो स्कूल नहीं जा

पा रहे थे और दोबारा उनका दाख़िला करवाने की कोशिश करते।

इसी दौरान, ये बच्चे अपने क्षेत्र के 'अभिभावक' भी बन गए। वे नज़र रखते कि वहाँ कौन आता-जाता है, किस घर में छोटे बच्चे थे। किसी भी संदेहास्पद व्यक्ति को तुरन्त भांप लेते थे। एक बार जुलाई 2009 की एक बरसाती शाम में, 3 अजनबी जमीला* के घर में घुसते दिखाई दिए। जमीला 15 साल की लड़की थी, जो पहले भी मानव तस्करी का शिकार हो चुकी थी, उसे वहाँ से किसी तरह बचाकर, दोबारा घर लाया गया था। एक बार फिर से, वह खतरे में थी...

"हमें वहाँ जाकर शोर मचाना चाहिए, जिससे उसे बचाया जा सके!" बच्चों ने तय किया।

लड़कों और लड़कियों का एक समूह जमीला के घर की तरफ़ बढ़ने लगा, वो रास्ते में अपने ग्रुप के दूसरे सदस्यों को आगाह करते जा रहे थे। लेकिन जब उन्होंने अनोयारा का दरवाज़ा खटखटाया, तो उनकी माँ ने अनोयारा को उनके साथ जाने की इजाजत नहीं दी।

"मैं अपनी बेटी को इस समय घर से बाहर नहीं जाने दूँगी," उन्होंने साफ़ कह दिया।

इस पर अनोयारा ने जवाब दिया, "अम्मी–अगर उस हालात में जमीला की जगह मैं होती तो... और कोई मेरी मदद करने न आया होता तो?"

शब्दों ने सही जगह अपना प्रभाव छोड़ा था... अम्मी ने अनोयारा और उसके दोस्तों की कामयाबी की दुआ करते हुए उन्हें जाने की

---

* बदला हुआ नाम

इजाजत दे दी! लेकिन उस वक़्त तक अँधेरा हो चुका था। बच्चों को एहसास हुआ कि इस समय उन्हें कुछ बड़ों को भी अपने साथ ले जाना चाहिए। अब तक जमीला के घरवालों को भी खबर लग गई थी कि कुछ गाँववाले उनके घर की तरफ़ आ रहे थे। उन्होंने अपने मेहमानों को चुपचाप घर के पिछले दरवाज़े से भगा दिया।

लेकिन उन्हें भागते हुए गाँववालों ने देख लिया और उनका पीछा किया। फिर उन्हें पकड़कर लोकल आंगनवाड़ी सेंटर ले जाया गया। उनको बांधकर उनकी जमकर धुलाई की गई। बाद में, सरपंच ने उनके घावों की मरहमपट्टी करके, उन्हें दोबारा वहाँ पैर न रखने की नसीहत के साथ छोड़ दिया।

"अगर दोबारा कभी अपना चेहरा दिखाया, तो फिर बचकर नहीं जा पाओगे!" उन्होंने चेतावनी दी।

उस घटना ने पूरे गाँव को हिलाकर रख दिया। वो लोग अब बच्चों की तस्करी के वास्तविक खतरे को जान गए थे, वे ऐसे गुंडों के मानसूबों को को समझ गए थे। ये अनोयारा के लिए भी बदलाव का पल था।

"मुझमें एक नया विश्वास जागा... अगर हम सब एक हो जाएँ, तो इस तरह की घटनाओं को रोका जा सकता है!"

जिस तरह से अनोयारा ने अपनी माँ का सामना किया था, उससे प्रभावित होकर बाकी बच्चों ने उन्हें अपने समूह का नेता बना दिया। जल्द ही अनोयारा सिर्फ़ संदेशखली के लिए ही नहीं, बल्कि आसपास के गाँवों के लिए भी काम करने लगी। अगले 3 सालों में,

उन्होंने कई बस्तियों के बच्चों के साथ कई ग्रुप बनाए।

2012 तक, वहाँ 80 चिल्ड्रन'स ग्रुप बन गए थे–हर ग्रुप में कम से कम 15 सदस्य थे–उनका काम बच्चों में जागरूकता फैलाना और उन्हें विभिन्न गतिविधियों से जोड़ना था।

ये समूह ध्यान रखते कि इनके गाँवों* से कोई बच्चा गायब न हो। इन बच्चों के प्रयासों से 250 से ज़्यादा मानव तस्करी और 40 बाल विवाहों को रोका गया। 100 से ज़्यादा बाल मज़दूरों को आज़ाद करवाया गया और स्कूल छोड़ चुके 200 बच्चों को दुबारा औपचारिक स्कूलों के साथ जोड़ा गया। और ये सब किसने किया? ख़ुद इन बच्चों ने।

"मैंने मानब दा से सीखा कि बदलाव सम्भव है... बस उसमें समय लगता है... और बहुत सी मेहनत भी।"

अनोयारा जब ख़ुद स्कूल में पढ़ रही थीं, तभी से उन्होंने बच्चों के ये समूह बनाने शुरू कर दिए थे। कॉलेज के दौरान भी वह इन समूहों का नेतृत्व करती रहीं। अपनी पढ़ाई और समाज सेवा के अलावा, अनोयारा को घर के काम भी करने होते और अतिरिक्त आय के लिए वो बच्चों को ट्यूशन भी पढ़ातीं। उनका दिन सुबह 4 बजे शुरू होता, और आराम करने का कोई समय नहीं मिलता... लेकिन अपने काम को लेकर उनमें भरपूर ऊर्जा रहती!

---

* ये बच्चे जिन गाँवों में काम कर रहे थे, उनमें शामिल थे : पश्चिम बंगाल के संदेशखली, सब्देशखली और मिनाखन ब्लॉक के 80 गाँव।

बल्कि, एक स्थानीय अख़बार ने किशोरी अनोयारा खातून को 'संदेशखली की डॉन' की उपाधि भी दी। और ये सब उनके नेक कामों की वजह से था।

बच्चों को तस्करी से बचाने के इस मॉडल की शुरुआत सेव द चिल्ड्रेन ने की थी और इसे अनोयारा जैसे युवा नेताओं के माध्यम से ही लागू किया जा सका। ये मॉडल इतना कामयाब रहा कि पश्चिम बंगाल की सरकार ने भी औपचारिक रूप से इसे अपनाया। ICPS (इंटिग्रेटेड चाइल्ड प्रोटेक्शन स्कीम) के तहत अब पश्चिम बंगाल के प्रत्येक जिले में एक चाइल्ड प्रोटेक्शन कमेटी बनाई गई है।

"मैं ख़ुश हूँ कि ज़्यादा से ज़्यादा बच्चों को मुश्किलों भरे जीवन से बचाया जा रहा है!" अनोयारा ने कहा।

अपने अभूतपूर्व योगदान के लिए, अनोयारा खातून को पहले तो पश्चिम बंगाल के मुख्यमंत्री ने सम्मानित किया, फिर देश के प्रधानमंत्री ने और फिर देश के राष्ट्रपति द्वारा सम्मानित होने का अवसर मिला।* अनोयारा ने वर्ष 2015 और 2016 में, लगातार दो बार यूनाइटेड जनरल असेंबली (UNGA) में भारत का प्रतिनिधित्व भी किया। इतने प्रतिष्ठित मंच पर अपने देश का प्रतिनिधित्व करना बहुत गर्व और ख़ुशी की बात थी।

"मुझे एहसास हुआ कि जिन समस्याओं का हम भारत में सामना कर रहे हैं, वो सिर्फ़ हमारी ही नहीं हैं..."

---

* अनोयारा को वर्ष 2017 में भारत के राष्ट्रपति द्वारा नारी शक्ति अवार्ड से सम्मानित किया गया

UNGA '16 के पहले ही दिन नाडिया मुराद* ने मंच पर अपनी बात रखी। उन्होंने बताया कि कैसे आईएसआईएस ने उन्हें बन्दी बना, सेक्स स्लेव बनाकर रखा था और किस तरह वह वहाँ से भागने में कामयाब हो पाईं। तब से, नाडिया लगातार यज़ीदी समुदाय और उन लड़कियों के हितों के लिए आवाज़ उठा रही हैं, जिन्हें शारीरिक शोषण का सामना करना पड़ा।

"जब नाडिया बोल रही थीं, तो उनकी बातों में मैं अपने अतीत की झलक देख सकती थी..." कहते हुए अनोयारा का गला भर आया।

दोनों युवतियाँ आशा की एक किरण हैं, वो बांग्ला में कहते हैं न 'जोलोंतो प्रदीप' (प्रज्ज्वलित दीपक)। जो लगातार दिलों से अंधकार और दिमाग से अज्ञानता मिटाने के लिए काम कर रही हैं। ये अज्ञानता और अंधकार आज भी लड़कियों की क़िस्मत में तस्करी का कभी न भरने वाला जख्म भर रहा है। यूएन जनरल एसेम्बली में अपने भाषण के दौरान, 19 वर्षीय अनोयारा ने ये कामना की :

"मैं ऐसी दुनिया की तलाश में हूँ जहाँ हर लड़की के पास पंख होंगे... जिनसे वह इस खुले आसमान के नीचे उड़ सके।"

एक ऐसी दुनिया जहाँ न्याय हो, और सभी के लिए सुरक्षा भी। दुनिया के हर बच्चे के लिए उतनी ही सुरक्षित।

* वर्ष 2018 के नोबेल शांति पुरस्कार की सह-प्राप्तकर्ता।

लम्बी, अंधेरी रात के बाद सुबह की किरण आती है। लम्बी जंग के बाद, सुकून आता है। आपके बच्चे साहसी और आज़ाद बनें जैसा कि अल्लाह ने उन्हें बनाया

अंजू वर्मा

उम्र 17 वर्ष, दौलतपुर (हरियाणा)

जागृति

लड़कों और लड़कियों को अलग तरह से क्यों पाला जाता है? अंजू ने सीधे अपनी माँ से ही ये सवाल पूछकर अपने इरादे साफ़ कर दिए थे।

लड़कों और लड़कियों को अलग तरह से क्यों पाला जाता है? अंजू ने यही सवाल पहले अपनी माँ से पूछा और फिर समाज से।

अंजू का पालन-पोषण ग्रामीण हरियाणा में हुआ, जहाँ लड़कों को पलकों पर बिठाकर उन्हें भगवान का दर्जा दिया जाता है।

"वैसे तो मेरे मम्मी-पापा बहुत अच्छे हैं लेकिन मेरे भाई को कुछ ज़्यादा ही लाड़ किया जाता था।"

ये बहुत छोटी चीज थी, जहाँ से अंजू ने भेदभाव का अनुभव किया। जैसे कि अंजू को अपनी सहेलियों के साथ बाहर जाने पर मम्मी की परमिशन लेनी पड़ती थी। और उन्हें मम्मी के साथ घर के कामकाज में भी हाथ बँटाना पड़ता था। लेकिन भाई के जो मन में आता था, वो करता था। और मम्मी के पास एक ही सफाई होती थी : "लड़का सब कुछ कर सकता है, लड़कियाँ तो पराई होती हैं।"

भारत के ऐसे गाँव, जहाँ जाट समुदाय का वर्चस्व है, वहाँ आज भी महिलाएँ घूँघट पहनती हैं और उन्हें पुरुषों के मुकाबले द्वितीय श्रेणी का नागरिक समझा जाता है।

फिर भी अंजू ख़ुशक़िस्मत थीं कि पहले से बेहतर समय में पैदा हुई थीं। वो स्कूल जाती थीं, ये एक ऐसा विशेषाधिकार था, जो कभी उनकी माँ को नहीं मिला था... और एक दोपहर, जब स्कूल के बाद अंजू अपने घर की तरफ़ जा रही

थीं, तो उन्हें लाउडस्पीकर पर जोर की आवाज़ सुनाई दी। गाँव के चौक पर कुछ प्रोग्राम हो रहा था।

बच्चों के भी अधिकार होते हैं?

"चल, देखते हैं क्या हो रहा है," उन्होंने अपनी सहेली से कहा। "मज़ा आएगा..."

चौक के बीच में एक बड़ी सी वैन खड़ी थी, जिस पर बहुत से रंगीन पोस्टर लगे थे।

"सभी बच्चों के अधिकार होते हैं..." लाउडस्पीकर पर एक युवा आवाज़ ने दोहराया। "क्या आप जानते हैं कि वो अधिकार कौन से हैं?"

"नहीं पता!" श्रोताओं में खड़े बच्चों ने कहा। "हमें बताओ न, प्लीज़!"

लाउडस्पीकर वाली युवा आवाज़ ने उन्हें समझाया : चाहे छोटा हो या बड़ा, अमीर हो या गरीब–हर बच्चे को समान रूप से पढ़ने, खेलने, स्वस्थ और सुरक्षित जीवन जीने का अधिकार है।

"और जब लड़के को ये अवसर दिया जाता है और लड़की को नहीं तो उसको भेदभाव कहते हैं..."

अंजू और उनकी सहेली ने एक-दूसरे को देखा–ये तो हमारे साथ भी होता है। ये तो उनके जीवन की कहानी भी थी!

प्रोग्राम ख़त्म हो गया और अंजू घर लौट आई। लेकिन वो रातभर सो नहीं सकी।

'मेरे भाई को मुझसे पहले खाना क्यों मिलता है?'

'उसे पहनने के लिए इतने अच्छे कपड़े क्यों दिए जाते हैं?'

'लड़कियों को घर से बाहर जाकर खेलने की इजाज़त क्यों नहीं दी जाती?'

वैन वाले लोगों की बात उनके माँ-बाप की बात से इतनी ग़लत क्यों थी। अब कौन सही था, और कौन ग़लत...!

बहुत कश्मकश के बाद, अंजू इस नतीजे पर पहुँचीं कि उनके माता-पिता ग़लत कर रहे हैं। लेकिन उनको बताएँ कैसे? इन चीजों के बारे में बात करना आसान नहीं था। तो, काम में अपनी माँ का हाथ बंटाते हुए, अंजू ने धीरे से अपनी एक-दो सहेलियों की कहानी सुना दी, जिनके माँ-बाप बच्चों के अधिकार को छीन रहे थे।

"पता है, उनके ऊपर केस भी हो सकता है!"

इस तरह अप्रत्यक्ष रूप से, अंजू ने अपनी माँ के दिमाग में एक नया आईडिया डाल दिया। लेकिन दशहरे के दिन, उसने आख़िरकार हिम्मत जुटाकर अपने मन की बात कह ही दी। उस त्यौहार के दौरान रावण का पुतला जलाया जाता है–इसे बुराई पर अच्छाई की विजय माना गया हैं। और जब वो सब

रावण दहन देख रहे थे, तो अंजू ने अपनी इच्छा व्यक्त कर दी।

"मम्मी, मैं आपसे वादा चाहती हूँ... कि आज से मेरे और मेरे भाई के बीच कोई भेदभाव नहीं करोगे।"

उसकी माँ ने एक पल सोचा और फिर कहा, "ठीक है–वादा किया..."

अंजू को अपने कानों पर भरोसा नहीं हुआ। क्या मम्मी मज़ाक कर रही थीं, या ये बदलाव सच में उनके दिल से निकला था? खैर, अंजू हैरान थीं कि मम्मी ने अपना वादा निभाया भी। और अंजू का दिल ख़ुशी से झूम उठा।

लेकिन साथ ही अंजू को ये भी गम था कि दूसरी लड़कियाँ उनकी तरह ख़ुशक़िस्मत नहीं थीं। अंजू की ही एक सहपाठी शालू* हमेशा क्लास में अपना होमवर्क पूरा किये बिना आती थी, और जिसके लिए उसे सजा भी मिलती थी। वजह पूछे जाने पर वह बताती थी कि उसे स्कूल का काम करने का समय ही नहीं मिलता था। उसके कन्धों पर घर के कामों की काफ़ी ज़िम्मेदारी थी, जैसे चपाती बनाना और घर के दूसरे काम निबटाना।

"अगर तुम्हें मेरे होमवर्क की चिन्ता है, तो जाकर मेरे माता-

---

*व्यक्तिगत निजता का सम्मान करते हुए इस कहानी में कुछ नामों को बदल दिया गया है।

पिता से बात करो। उन्हें समझाओ!" शालू ने अंजू से कहा।

पहले तो सुनकर अंजू झिझक गई। क्या बड़े लोग उनकी बात सुनेंगे? लेकिन फिर उन्होंने सोचा–"अगर मेरी मम्मी बदल सकती हैं, तो दूसरे क्यों नहीं?"

तो अंजू ने हिम्मत करके शालू के माता-पिता से मिलने का फैसला किया। लेकिन उन्होंने न सिर्फ़ अंजू को डाँटा बल्कि और दो बातें सुना दीं।

"तुम्हारे मम्मी-पापा ने तो तुम्हारी पतंग की डोर ढीली छोड़ रखी है।"

लेकिन अंजू ने उनकी बातों का बुरा नहीं माना। वो दोबारा उनसे मिलने गईं। फिर तीसरी बार गईं। क्योंकि, भले ही वो उनकी बातों का विरोध करते थे, लेकिन उनकी बात सुन भी तो रहे थे। ऐसे ही एक बार अंजू अपने साथ अपने काका को भी ले गईं।

"हम आपको समझाने आये हैं..." उन्होंने कहा। "लेकिन आपको समझना चाहिए कि इस मामले में आपके ऊपर केस भी किया जा सकता है, जिसके लिए आपको 50,000 रुपये का जुर्माना और 6 महीने की जेल हो सकती है।"

आख़िरकार, उसके माँ-बाप को एहसास हुआ कि अब बदलना ही पड़ेगा। अब शालू पूरे आत्मविश्वास से स्कूल आती और उसका होमवर्क भी हमेशा पूरा होता।

"मेरे पेरेंट्स ने मुझे पढ़ने का, खेलने का, बाहर निकलने का अवसर दिया, लेकिन जब मैंने गाँव में अपने दोस्तों को देखा, तो जाना कि उनके पास ये अवसर नहीं हैं।"

इस घटना ने अंजू को गीता की माँ से मिलने का प्रोत्साहन दिया। गीता अंजू की ही एक अन्य सहपाठी थी। यहाँ भावनात्मक विनती से काम निकाला गया।

"आंटी जी, रोज टीचर आपकी बेटी को मूर्ख और नालायक कहते हैं... आपको अच्छा लगता है कि आपकी बच्ची को डाँटा जाए?"

समस्या का समाधान आसान था कि उस बच्ची को घर के काम में कम लगाकर, पढ़ने का ज़्यादा समय दिया जाए। उसकी माँ राजी हो गईं और कुछ ही महीने में, गीता के नम्बरों में 33% से 57% का उछाल देखने को मिला!

"तो उससे मुझे बच्चों के लिए काम करने में दिलचस्पी होने लगी।"

अंजू अपने गाँव के बाल समूह का भी हिस्सा बनीं। दरअसल, उन्हें नेता के रूप में चुना गया। उनके जज़्बे और जोश को देखते हुए, अंजू को 2016 में ट्रेनिंग के लिए सिरसा भेजा गया, जहाँ उन्हें बाल-मज़दूरी के ख़िलाफ़ राज्य स्तर पर प्रसारित अभियान* से जुड़ने का मौक़ा मिला। लेकिन बच्चों को खेतों में काम करने से रोकने के लिए सिर्फ़ बच्चों के माँ-बाप से ही बात करना काफ़ी नहीं था, बल्कि इसके लिए ज़मींदारों से भी बात करने की ज़रूरत थी।

---

* अभियान का नाम था 'कोमल हाथ कलम के साथ'।

“हम क्या कर सकते हैं?” वो कहते। “बच्चों के माँ-बाप ही उन्हें काम पर लेकर आते हैं।”

अंजू ने उन्हें बताया कि वो माँ-बाप गैर-क़ानूनी काम कर रहे हैं। और अगर उनके खेतों में कम उम्र के बच्चे काम करते हुए पाए गए, तो क़ानून की नज़रों में जमींदार भी उतने ही दोषी होंगे। और इस जागरूकता अभियान की बदौलत, बड़ी संख्या में ज़मींदारों ने कसम खाई कि “हम अपने खेतों में 14 साल से कम उम्र के बच्चों को काम नहीं करने देंगे।”

लेकिन सफलता की भी अपनी एक कीमत तो होती है। अंजू के प्रयासों के विरुद्ध अब गाँव में कई आवाजें उठने लगी थीं।

“उसके माँ-बाप को उस पर नज़र रखनी चाहिए... वो हमारे काम में क्यों दखल देती है?”

कड़वी बातें अंजू को परेशान भी करती थीं। लेकिन उन्होंने कभी भी अपने लक्ष्य को नहीं भुलाया–उनका मकसद था अपने जैसे बच्चों की मदद करना। अब कोई मुझे सही माने या ग़लत।

क़िस्मत से अंजू के अपने माता-पिता ने कभी उनका साथ नहीं छोड़ा। अंजू ट्रेनिंग के लिए दिल्ली और बैंगलोर गईं और फिर उन्होंने पुणे में टेडएक्स टॉक में भी अपनी बात रखी। बल्कि, उनकी वापसी पर उनकी दादी ने पूरे मोहल्ले में मिठाई बांटी और गाँव के सरपंच ने अंजू को सम्मानित भी किया।

ये सब काम करते हुए अंजू को जो विश्वास हासिल हुआ, उससे उन्होंने अक्टूबर 2017 में अपना ख़ुद का एनजीओ शुरू किया। 'बुलंद उड़ान' का मकसद बाल अधिकार के क्षेत्र में ही काम करना था। पहली मीटिंग के लिए अंजू का लक्ष्य था कि वह लगभग 20 वालेंटियर इकट्ठा करेंगी। लेकिन उन्हें 60 से ज़्यादा वालेंटियर मिल गए थे! हालाँकि, अभी बहुत सा काम किया जाना बाकी था, और ये काम तपती गर्मी में होना था...

"बहुत से साथियों ने बीच में साथ छोड़ा... हमारे पास सिर्फ़ 20 लोगों की टीम ही रह गई थी। पर हम लगे रहे।"

बाल-विवाह और शारीरिक शोषण के मामलों की पड़ताल करने के लिए वालेंटियर घर-घर जाया करते। ये सर्वे नया अकादमिक वर्ष शुरू होने से 6 महीने पहले किये जाते। हर टीम में 5-6 सदस्य होते, और ये संडे को भी काम करते हुए लगभग 10 गाँवों को कवर किया करते। इनके काम करने का समय सुबह 6 बजे से शुरू होकर रात 10 बजे तक हुआ करता। और इसका परिणाम भी दिल ख़ुश कर देने वाला निकला।

बुलंद उड़ान के प्रयासों की बदौलत अब तक 698 बच्चों का स्कूल में दाख़िला कराया जा चुका है।

दाख़िले के बाद, ग्रुप के सदस्य परिवार, पड़ोस और शिक्षकों से मिलते रहते, ये जानने के लिए कि वास्तव में बच्चा स्कूल

जा रहा है या नहीं इस कारण स्कूल छोड़ने वाले बच्चों की संख्या काफ़ी कम रही।

लेकिन चुनौतियाँ अभी भी कम नहीं हो रही थीं। जब बुलंद उड़ान ने बड़ोपल गाँव का निरीक्षण किया, तो पाया कि भाट समुदाय लड़कियों को शिक्षा लेने नहीं देता है।

"अगर आप लड़कियों को स्कूल भेजना चाहते हैं, तो क्या बुलंद उड़ान ये जिम्मेदारी लेगा कि कोई भी लड़की भागेगी नहीं?" उन्होंने पूछा। ये ऐसे मसले हैं जिनका कोई आसान समाधान नहीं है...

वर्तमान में बुलंद उड़ान हरियाणा के 3 जिलों में काम कर रहा है: फतेहाबाद, हिसार और सिरसा।

वर्तमान में अंजू को अपने काम करने के लिए 7000 रुपये प्रति महीना चाहिए, और उनकी अधिकांश ज़रूरत अपने पिता के माध्यम से पूरी होती है। उनके पिता के पास भी सीमित संसाधन हैं, जो ट्रक चलाकर अपने घर की ज़रूरतों को पूरा करते हैं।

"अब मेरे मम्मी-पापा शान से कहते हैं–देखो हमारी बेटी क्या काम कर रही है।"

सोशल वर्क के साथ ही अंजू अपनी पढ़ाई को लेकर भी बहुत गंभीर हैं। वो अभी 12वीं में हैं और फिजिक्स, कैमिस्ट्री और बायोलोजी उनके विषय हैं। उनका लक्ष्य डॉक्टर बनने का

है। अंजू सुबह जल्दी जाग जाती हैं, उनके अनुसार सुबह का समय पढ़ाई के लिए सबसे अच्छा होता है। उस समय आपका मन कहीं भटकता नहीं है।

"आगे बहुत कुछ करना है... और सीखना भी है।"

मैं चुप नहीं रहूँगी...
मैं बुलन्द आवाज़ बनूँगी...

मोहम्मद हसनेन लोन

उम्र 16 साल, वाराग्राम (कश्मीर)

अच्छाई की लड़ाई

बच्चों के भविष्य और कश्मीर को नशे की लत से आज़ाद कराने के लिए, संग्रामों की उस भूमि पर, एक बच्चा अच्छाई के लिए लड़ रहा है।

कश्मीर की तनाव भरी वादी में, जहाँ सामान्य जीवन एक सपना है, वहीं हसनेन का मन स्कूल जाने को मचलता है।

"मैं एक छोटे गाँव में रहता हूँ, वहाँ सेकेंडरी सकूल नहीं है। मैं दूसरे गाँव के एक सरकारी स्कूल में जाता हूँ, जो यहाँ से 2 किलोमीटर दूर है।"

तेज धूप हो, बरसात हो या फिर बर्फ़बारी हो रही हो, लेकिन हसनेन का पूरा फोकस सिर्फ़ क्लास लेने में ही होता। जहाँ वो पूरा ध्यान लगाकर क्लास में टीचर की बात समझने की कोशिश करते, वहीं क्लास के अधिकांश बच्चों का ध्यान कहीं और होता। वो बच्चे पढ़ाई की ओर बिलकुल ध्यान नहीं दे पा रहे थे। कश्मीर के तनावपूर्ण हालात की वजह से आप इसका दोष बच्चों को दे भी नहीं सकते थे।

"यहाँ के हालात बहुत खराब हैं..."

देखने में वाराग्राम किसी जन्नत से कम नहीं है। गर्मियों में पूरी वादी फूलों से भर जाती है और बर्फ से ढकी चोटियों पर सुनहरी धूप नज़र आती। सर्दियों में, चिनार के लम्बे पेड़, सफ़ेद बर्फ से ढक जाते हैं और कश्मीरी लोग अपने रंगीन फिरन में कांगड़ी* लेकर बाहर निकलते हैं।

"लेकिन यहाँ घटने वाली भयानक घटनाओं के चलते, कोई इसे जन्नत नहीं कह सकता है!"

---

* निजी अंगीठी, जो लोगों को गर्म रखने के काम आती है

देर रात गए, दरवाज़े पर दस्तक होने लगती है। दस्तक देने वाला कोई भगोड़ा भी हो सकता है, जो भारतीय सेना से बचने के लिए भाग रहा हो। या फिर वह भगोड़ों को तलाशने वाली सेना भी हो सकती है। इस बेतुकी हिंसा में दोनों ही तरफ़ के लोग मारे जाते हैं। कश्मीरियों को शहीद मान लिया जाता है।

"यहाँ बहुत सी रैलियाँ और विरोध प्रदर्शन होते हैं... एक बार हमने उनमें हिस्सा लेने से मना कर दिया।"

और फिर क्या, उनका परिवार निशाने पर आ गया। पड़ोसी उनकी खिड़कियों पर पत्थर मारते। इस पर भी जब परिवार नहीं झुका तो भीड़ उनके आंगन में घुस आई। भीड़ ने लकड़ी से बना घर जला दिया। लेकिन फिर भी परिवार उसी गाँव में, अपने आदर्शों के साथ टिका हुआ है।

"हमने उसी जगह पर नया घर बनाया... हालाँकि अभी भी हम उनकी रडार पर हैं।"

तूफ़ान के बाद आई शांति अटल होती है। जब भी वहाँ हालात बिगड़ते हैं, तो सबसे पहले स्कूल बन्द होते हैं। और ऐसा एक हफ्ते, एक महीने या इससे भी ज़्यादा समय तक हो सकता है।* खाली दिमाग और खाली हाथों पर लगाम लगाना अभिभावकों के लिए आसान नहीं होता।

* 2017 में, कश्मीर में सरकारी स्कूल 170 दिनों के मुकाबले सिर्फ़ 90 दिन ही खुल पाए थे।

"इसलिए यहाँ के बच्चे बिगड़ रहे हैं," हसनैन की अम्मी, आमना फातिमा ने कहा।

वाराग्राम के निचले गाँव में, कुछ लोग ड्रग्स लेते और बेचते हैं। वो बच्चों को लुभाकर उन्हें भी ड्रग्स का शिकार बना लेते हैं। एक बार लत लग जाने पर, बच्चे अपने और दूसरों के घर से चोरी करके अपनी पूर्ति करने लगते हैं।

"ये हमारे गाँव की सबसे बड़ी समस्या है... जिसका शिकार हमारी पहचान के बच्चे बन रहे हैं!"

लेकिन 14 साल का हसनैन इसके बारे में क्या कर सकते हैं? क्या ये बच्चे उनकी बात सुनेंगे?

"हां, क्यों नहीं सुनेंगे..." आमना फातिमा ने कहा, जो हमेशा नेक कामों के लिए तैयार रहती हैं। अपने गाँव के लिए कुछ करने की इच्छा से वो एक एनजीओ* की मीटिंग में गईं। जहाँ वो एक 'चाइल्ड प्रोटेक्शन कमेटी' का हिस्सा बन गईं।

वही एनजीओ बडगाम जिले के 10 गाँवों में बच्चों के बीच जागरूकता कार्यक्रम भी चलाता था।

"तुम वहाँ जाओ, और उन्हें अपने दोस्तों की समस्या बताओ," उन्होंने हसनैन को सलाह दी।

उनकी मीटिंग स्कूल के सामने के खुले मैदान में हुई, जहाँ

---

* इका फाउंडेशन का सेव द चिल्ड्रेन

लड़के क्रिकेट और लड़कियाँ स्टापू खेलती थीं। लेकिन वो दोपहर कुछ अलग थी। सोहेल भाई ने उन्हें बच्चों के अधिकारों के बारे में बताया। ये उन सबके लिए एक नई और अनोखी बात थी!

हसनैन हर महीने होने वाली मीटिंग में हिस्सा लेने लगे, वहाँ बच्चों ने धीरे-धीरे अपनी समस्याओं के बारे में बात करनी शुरू कर दी। उन्होंने ड्रग्स की समस्या पर भी बात की। ऐसी ही एक मीटिंग में, हसनैन ने एक महत्त्वपूर्ण बात कही।

"बड़े लोग डरते हैं... वो कुछ नहीं करेंगे।"

अब समय आ गया था कि बच्चे ख़ुद अपने लिए कुछ करें। हसनैन के जोश को देखकर, सोहेल भाई ने उन्हें हर मदद देने का वादा किया।

"ये बहुत अच्छी बात है... लेकिन तुम्हें सावधान रहना होगा।"

ड्रग्स बेचने वाले लोगों से सीधे भिड़ने में कोई समझदारी नहीं थी।

"तुम बच्चे एक रैली निकाल सकते हो, जहाँ ड्रग्स की लत के बारे में जागरूकता फैलाई जा सके," उन्होंने सलाह दी।

और यही हसनैन ने किया। उन्होंने ज़्यादा से ज़्यादा बच्चों को इकट्ठा करने की कोशिश की। लेकिन जब रैली के दिन वहाँ 350 से ज़्यादा लड़के-लड़कियाँ जमा हो गए,

तो हसनैन भी हैरान रह गए। उन बच्चों ने अपने गाँव और दूसरे गाँवों से रैली निकाली। उनके हाथों में पोस्टर थे और वो नारे लगा रहे थे।

"हमें भविष्य बनाना है! कश्मीर को नशा-मुक्त करवाना है!"

रैली को गाँव वालों का जबरदस्त समर्थन मिला और नशे के व्यापारियों तक भी कड़ा सन्देश पहुँचा। लेकिन हसनैन यहीं नहीं रुके। वो उन बच्चों के घर जाने लगे, जो ड्रग्स लेते थे। उन्होंने उनके माता-पिता को बच्चे की नशे की आदत के बारे में बताया। कुछ लोगों ने तो उनकी बात को मानने से ही मना कर दिया।

"क्या बकवास कर रहे हो... तुम मेरे बच्चे के बारे में झूठ बोल रहे हो!" एक बच्चे के पिता ने चिल्लाते हुए उनसे कहा।

लेकिन कुछ दिन बाद, उसी पिता ने आकर हसनैन से माफ़ी माँगी।

"तुम सही कह रहे थे," उन्होंने कहा। "मेरे बेटे को चरस की लत लग गई है। बताओ मुझे, अब मैं क्या करूँ!"

इन बच्चों को नशे की आदत छुड़वाना आसान काम नहीं है। इनमें से कुछ बच्चे तो माँ-बाप की डाँट की वजह से छोड़ देते थे। कुछ को मेडिकल हेल्प की ज़रूरत पड़ती और फिर उन्हें नशा-मुक्ति केंद्र में लाया जाता।

"अब मानो हर जगह ये चलन हो गया है कि पैसा बनाने के लिए बच्चों का इस्तेमाल करो। हम मानते हैं कि जब बच्चे शिक्षित होंगे, तभी कश्मीर तरक्की करेगा।"

"हमें सरकार और पुलिस से और ज़्यादा मदद की ज़रूरत होती..."

देखा जाए तो, ड्रग्स किसी गंभीर समस्या का महज एक लक्षण है।

कई जगह तो ऐसे मामले भी देखने को मिले, जहाँ गाँव की कमेटी ने सीधे ड्रग डीलर से बात करके, उनसे गाँव छोड़कर जाने को कह दिया। लेकिन पुलिस इस मामले में ढीली रही और उसने कोई कड़े क़दम नहीं उठाए। लोगों ने आमना और उनके शौहर से कहा कि अपने बेटे को उन लोगों से दूर रखें।

"उन्होंने मुझसे कहा कि ड्रग्स के बारे में कुछ मत कहो... लेकिन मैं नहीं डरा। मैं लगातार अपनी आवाज़ उठाता रहा!"

देखा जाए तो, ड्रग्स किसी गंभीर समस्या का महज एक लक्षण है। ज़्यादातर अभिभावक अपने बच्चों को स्कूल के बजाय काम पर भेजना पसंद करते हैं। लड़कों को जंगल में लकड़ी बीनने या भेड़ों को चराने के लिए भेजा जाता, जबकि लड़कियों को कारपेट बुनने के काम में लगा दिया जाता। इनमें से अधिकतर लड़कियाँ इसी दौरान तम्बाकू खाना या हुक्का पीना सीख जातीं।

"क्योंकि उनका कोई भविष्य नहीं है, उनके पास आगे करने के लिए कुछ नहीं है।"

हसनैन और उनके समूह के दूसरे बच्चे नशे के शिकार बच्चों के घर जाते और उनके माँ-बाप को समझाकर, उनका दाख़िला

स्कूल में कराने के लिए प्रेरित करते। आख़िरकार, सभी चीजें तो फ्री में उपलब्ध करवाई जा रही थीं–किताबें, वर्दी, यहाँ तक कि खाना भी। इन कोशिशों की वजह से, 3 बाल मज़दूरों का दाख़िला फिर से स्कूल में करवाया जा सका।

"अपने खाली समय में, मैं उन बच्चों को ट्यूशन पढ़ाता हूँ, जो फीस भरने में सक्षम नहीं हैं..."

हसनैन और उनकी दोनों छोटी बहनों को अपने माता-पिता से पूरा प्यार व सहयोग मिलता है। लेकिन हर बच्चा उनके जितना ख़ुशनसीब नहीं होता है। बहुत से अभिभावक अपने बच्चों को मारते और डॉटते हैं, जिस वजह से बच्चे उनसे दूर हो जाते हैं। और माँ-बाप से उदासीन हुए ये बच्चे आसानी से असामाजिक तत्वों का शिकार बन जाते हैं।

"बच्चे को प्यार से ही समझाना चाहिए... वो प्यार की भाषा समझते हैं।"

गाँव में एक आदमी हर छोटी-छोटी बात पर अपने बेटे को कोसता था। उसका बेटा हमेशा उदास और हताश रहता था। हसनैन ने उसके पिता से बात करने का फैसला किया।

"अपने बेटे पर चिल्लाने का कोई फायदा नहीं होगा... आपके कोसने से वो और जिद्दी बन जायेगा।"

पिता को अपनी ग़लती का एहसास हुआ और वो अपने बेटे को समझने की कोशिश करने लगा। बदले में उसका बेटा भी

ज़्यादा बेहतर तरीके से अपनी जिम्मेदारी निभाने लगा।

उस रात, जब हसनैन बिस्तर पर लेटे, तो उनके मन में इस बात की शांति थी कि उनकी मेहनत रंग ला रही थी। सारी बाधाओं के बावजूद, वो आगे बढ़ने के लिए दृढ़ थे।

और जब हर रात टीवी पर राजनेता अपनी लड़ाई लड़ते ही रहेंगे, ऐसे में कश्मीर के एक छोटे से गाँव में प्यार का दीया कुछ और जगमगाएगा। अपनी रौशनी से जग को रौशन करते हुए।

झूलिमा मलिक

22 वर्ष, बन्दुदी (ओडिशा)

जंगल की आग

एक आदिवासी लड़की अपने समुदाय के लिए काम करने को प्रेरित हुई। उसने ठान लिया कि उसे ओडिशा के दूर-दराज के इलाकों तक बेहतर स्वास्थ्य और शिक्षा पहुँचानी है।

झूलिमा का लालन-पालन घने जंगल की तलहटी में बसे एक छोटे गाँव में हुआ।

"मैं कोंध प्रजाति से हूँ, इसीलिए हमारे गाँव को भी कंधमाल ही कहते हैं।"

हज़ारों सालों से, कोंध प्रकृति के साथ सन्तुलन बनाते हुए जीते आ रहे हैं। जंगल में लकड़ी इकट्ठा करने जाते समय माएँ अपने छोटे बच्चों को साथ ही ले जातीं। वो साल वृक्ष के पत्तों से प्लेटें और प्याली बनातीं। और वो बहुत ही बढ़िया ऑर्गनिक हल्दी का उत्पादन भी करते। हालाँकि, उन्हें उनकी मेहनत का उचित दाम नहीं मिलता।

इस दूरस्थ इलाके के ज़्यादातर घर गरीबी रेखा से नीचे हैं। लेकिन फिर भी, वो देश के दूसरे भागों में रह रहे निर्धन लोगों से ज़्यादा बेहतर स्थिति में हैं। कंधमाल में, कोई भी परिवार शराब ख़रीदने के लिए अपनी बेटी को 500 रुपये में नहीं बेचता है। जब भी उन्हें शराब चाहिए होती, वो ताड़ी के पेड़ से ले आते।

"प्रकृति ने हमें सब दिया है... लेकिन हमारे पास शिक्षा और स्वास्थ्य की सुविधा नहीं है।"

सरकार ने आदिवासी लड़के और लड़कियों के लिए आवासीय स्कूलों की व्यवस्था की। झूलिमा ने ऐसे एक स्कूल में दाख़िला भी लिया लेकिन फिर अपनी बीमारी के चलते उन्हें हॉस्टल छोड़ना पड़ा। फिर वो अपने मामा के पास रहने लगीं और यहाँ से स्कूल तक पहुँचने के लिए उन्हें हर दिन एक नदी पार करनी पड़ती थी।

एक सुबह भारी बरसात के बाद, नदी उफान पर थी। फिर भी झूलिमा और दूसरी 6 लड़कियाँ साहस दिखाते हुए स्कूल जाने को निकलीं। जब वो नदी पार कर रही थीं, पानी का स्तर लगातार बढ़ता जा रहा था। दूसरे किनारे पर खड़े टीचर जोर-जोर से हाथ हिलाकर, उन्हें वापस लौट जाने को कह रहे थे। तब लड़कियों को एहसास हुआ कि अब उनके पास वापस लौटने के अलावा और कोई विकल्प नहीं था।

"उस दिन मुझे एहसास हुआ कि स्कूल मेरे लिए कितना ज़रूरी था... अगर मेरे बस में होता तो मैं एक दिन की भी छुट्टी नहीं करती!"

एक आदिवासी लड़की के लिए इतनी छोटी सी इच्छा भी आसान नहीं थी। जल्दी ही झूलिमा किशोरावस्था तक पहुँच गईं और उनके लिए शादी के रिश्ते आने लगे। उस समय वो 7वीं क्लास में पढ़ रही थीं। ओडिशा में यह असामान्य बात नहीं है, जहाँ सरकारी आंकड़ों के मुताबिक 21.8 प्रतिशत लड़कियों की शादी 18 साल से पहले ही हो जाती है। हालाँकि वास्तविक संख्या इससे कहीं अधिक है...

अतीत में, कोंध प्रजाति में 'शादी' का कोई रिवाज नहीं था। अप्रैल महीने में, 'दंड यात्रा'* के दौरान 15 साल का लड़का और 14 साल की लड़की एक दूसरे से मिलते, पसंद करते और फिर साथ भाग जाते। आदिवासी रिवाज आज उतने मान्य नहीं हैं लेकिन माँ-बाप

* इस उत्सव के दौरान भगवान शिव की मूर्ति को एक गाँव से दूसरे गाँव में ले जाया जाता है।

चाहते हैं कि उनकी बेटी की शादी जल्दी से जल्दी हो जाए।

पर झूलिमा अपने परिवार के दबाव के आगे नहीं झुकीं और उन्होंने शादी से इनकार कर दिया।

"दूल्हे के परिवार ने कहा कि वो इंतज़ार करने को तैयार हैं... लेकिन मैंने उनसे साफ़ मना कर दिया और अपनी पढ़ाई जारी रखी।"

बदक़िस्मती से, झूलिमा अपनी 10वीं क्लास की बोर्ड की परिक्षाएँ नहीं दे पाईं। उस समय उनकी माँ बहुत बीमार थीं और फूलबनी के जिला अस्पताल में भर्ती थीं। ऐसे में परिवार पैसों की तंगी से गुज़र रहा था। झूलिमा के पास फॉर्म भरने के पैसे नहीं थे और उनके सामने स्कूल छोड़ने के अलावा और कोई रास्ता नहीं था।

वर्ष 2016 तक झूलिमा को अपना भविष्य अंधेरे में दिखाई दे रहा था, और फिर उनकी मुलाकात अपने गाँव की आंगनवाड़ी वाली दीदी से हुई, जिन्होंने झूलिमा को स्वाति* नाम के एनजीओ के बारे में बताया।

"वो तुम्हारे जैसी लड़कियों के लिए एक ट्रेनिंग प्रोग्राम शुरू कर रहे हैं... क्या तुम उनसे मिलना चाहोगी?"

झूलिमा पूरी तरह से तो नहीं समझ पाई थीं कि वो किस तरह का प्रोग्राम होगा, लेकिन उनके मन एक जिज्ञासा जगी थी। फिर, दीदी ने वादा भी किया था कि वहाँ फ्री में रहने, खाने को मिलेगा। तो,

---

* सोशल वेलफेयर एँड ट्रेनिंग इंस्टीट्यूट (SWATI), सेव द चिल्ड्रन का लोकल पार्टनर।

एक सहेली के साथ मिलकर, झूलिमा ने तय किया कि वो प्रोग्राम में जाएँगी। दोनों लड़कियाँ घर से पैदल ही निकल पड़ीं, और बन्दुदी से बांदागुडा का 12 किलोमीटर लम्बा सफ़र तय किया।

पहले दिन तो, झूलिमा ख़ामोशी से बैठीं, उन्हें वहाँ अजीब सा लग रहा था। उनके पास कहने को बातें थीं, लेकिन उन्हें डर था कि कोई उनका मज़ाक बनाएगा। ट्रेनर ने पोषण के महत्त्व की बात की–उन्होंने बताया कि किसी को क्या खाना चाहिए। उन्होंने बाल विवाह और उसके दुष्परिणामों के बारे में बात भी की।

"मैं तुरन्त ही ख़ुद को उससे जोड़ पाई... क्योंकि वो तो बस मेरे साथ होने ही वाला था। वहाँ मुझे पता चला कि बाल-विवाह क़ानून के ख़िलाफ़ है।"*

धीरे-धीरे, झूलिमा को ख़ुद पर भरोसा होने लगा और उन्होंने चर्चाओं में भाग लेना शुरू कर दिया। लेकिन उन्हें सबसे ज़्यादा मज़ा नाटक में भाग लेने में आता था। हर शाम, लड़कियाँ उस सबक का अभिनय करती, जो उन्होंने उस दिन सीखा था। उन्हीं में से कोई माँ की भूमिका अदा करतीं, कोई पिता की और बस ऐसे ही वो अपनी दुनिया बना डालते।

झूलिमा को एहसास हुआ कि उनके पास अभिनय की स्वाभाविक प्रतिभा थी। कद में कम होने होने के बावजूद, मंच पर उनका व्यक्तित्व प्रभावशाली लगता था।

---

* बाल विवाह करवाने वाले को 1 लाख रुपये का दंड और 1 साल की सजा मिलती है।

और जब वो 5 दिन की ट्रेनिंग के बाद बांदागुडा से लौट आईं, तो एक बात को लेकर तो निश्चिंत थीं: 'जो मैंने सीखा है, वो मुझे दूसरों को भी समझाना होगा।' और इसे करने का सबसे बढ़िया तरीका नुक्कड़ नाटक ही था।

"जब हम गाँव में अपना नाटक करते, तो कुछ लोग तो हमारी तारीफ़ करते, जबकि बाकी लोग हमारा मज़ाक बनाते... लेकिन हमने उनका बुरा नहीं माना!"

झूलिमा ने लड़कियों का एक समूह बनाया, जो गाँव-गाँव जाकर नुक्कड़ नाटक दिखाता था। उनका मकसद था कि ज़्यादा से ज़्यादा लोगों को जागरूक बनाकर, बाल-विवाह को रोका जा सके।

और उनके प्रयासों के अच्छे नतीजे भी आने लगे। केसरी नाम की एक लड़की के लिए ठीक उसी दिन शादी का रिश्ता आया, जिस दिन उसने वो नाटक देखा था। नाटक देखने के बाद उसने सच में घर जाकर शादी करने से मना कर दिया, उसने घरवालों को बताया कि 18 की उम्र से पहले शादी करना ग़लत और गैर-क़ानूनी था। पिछले 2 सालों में, झूलिमा के प्रयासों से ऐसे 12 बाल-विवाहों को रोका जा सका है।

"मैं गाँवों में ग्राम पंचायत, ब्लॉक और जिला स्तर के अधिकारियों के साथ काम करती हूँ... और एक गंभीर मामले में हमें एफआईआर भी फाइल करनी पड़ी थी।"

सदियों पुरानी मान्यताओं को चुनौती देना वास्तव में आसान नहीं

"मैंने अपने सब दोस्तों से कहा कि आयरन आप सभी के लिए अच्छा है–मैं इन गोलियों को रोज़ खाती हूँ और आपको भी ये खानी चाहिए!"

उस दिन मुझे एहसास हुआ कि स्कूल मेरे लिए कितना महत्त्वपूर्ण था।

है। झूलिमा को वो समय याद है जब वह पर्चे बाँट रही थीं, तो उन्हें पता चला कि पास ही के एक गाँव में दो बच्चों का विवाह हो रहा है। उन्होंने चाइल्डलाइन पर फोन करके उस शादी को रुकवाया। दोनों परिवारों ने झूलिमा को गंभीर परिणामों की धमकी दी, लेकिन झूलिमा पीछे नहीं हटीं।

"मैं जानती हूँ कि मैं सही काम कर रही हूँ, तो फिर मैं क्यों डरूँ?" झूलिमा का जवाब था।

स्वास्थ्य भी ऐसा मसला है, जो झूलिमा के दिल के बहुत क़रीब है। के-नुआगाँव ब्लॉक की एक बड़ी समस्या है मलेरिया। इसीलिए, झूलिमा ने अपने क्षेत्र में चल रहे MDD-MR (मलेरिया, डेंगू, डायरिया-मीजल्ज, रूबेला) कैम्पेन का नेतृत्व किया। उनके समुदाय की किशोर लड़कियों ने स्वच्छ भारत अभियान के लिए भी मिलकर काम किया।

साथ ही, झूलिमा ने लड़कियों को आयरन की गोलियों का महत्त्व समझाने का भी बीड़ा उठाया। ये गोलियां, हर शनिवार को, सरकारी आंगनवाड़ी केन्द्रों पर मुफ़्त बांटी जाती हैं। लेकिन उन्हें लेने वाला कोई नहीं था। कुछ लड़कियों को गोली खाने के बाद चक्कर सा भी महसूस हुआ और फिर उनसे जुड़ी बहुत सी अफवाहें चल निकलीं। झूलिमा ने उनके संदेहों और दुविधा को दूर किया।

“मैंने अपने सब दोस्तों से कहा कि आयरन आप सभी के लिए अच्छा है–मैं इन गोलियों को रोज़ खाती हूँ और आपको भी ये खानी चाहिए!”

वास्तव में, सरकार की तरफ़ से योजनाओं की कोई कमी नहीं है। हमें ज़रूरत है ऐसी प्रतिभाओं की, जो कड़ी मेहनत करते हुए उन सेवाओं को समुदाय तक पहुँचाएँ।

इसीलिए ये जानकार ख़ुशी मिलती है कि कंधमाल जिले के के.नुआगाँव ब्लॉक से, 2000 लड़कियों का प्रतिनिधित्व करने के लिए, झूलिमा को ब्लॉक लेवल गर्ल फेडरेशन का प्रेजिडेंट बनाया गया। साथ ही, उन्हें अपने समुदाय में बदलाव लाने के लिए, हाल ही में यूनाइटेड नेशन के V-अवार्ड से सम्मानित किया गया।

और हालाँकि वो अनेक क्षेत्रों में सक्रिय हैं, लेकिन फिर भी शिक्षा हमेशा झूलिमा का पहला प्यार रहा। उन्होंने 3 लड़कियों को समझाकर दुबारा स्कूल में दाख़िला लेने के लिए प्रेरित किया। और उन्होंने 6 लड़कियों को स्किल डवलपमेंट ट्रेनिंग प्रोग्राम* में दाख़िला लेने के लिए राजी किया। ये प्रोग्राम राज्य सरकार द्वारा संचालित किये जाते हैं।

“दरअसल, इस प्रोग्राम का हिस्सा बनकर मैं भी बहुत रोमांचित थी, लेकिन अफ़सोस कि मैं वो पूरा नहीं कर पाई...”

फरवरी 2018 में, अपने पिता की अचानक मृत्यु की वजह से उन्हें

---

* दीन दयाल उपाध्याय ग्रामीण कौशल योजना (DDU-GKY) के अंतर्गत

वो प्रोग्राम बीच में ही छोड़ना पड़ा था। झूलिमा के पास घर वापस लौटने के अलावा और कोई विकल्प नहीं था। उन्हें अपने घर की आर्थिक ज़रूरतों को पूरा करने के लिए नरेगा में दैनिक मज़दूरी भी करनी पड़ी। लेकिन उन्हें इस बात का संतोष है कि इस प्रोग्राम को पूरा करने वाली एक लड़की को चेन्नई में 8000 रुपये महीने की आय वाली नौकरी मिली है।

झूलिमा भविष्य को लेकर आशावान हैं। हाल ही में, SWATI की मदद से उन्होंने नेशनल ओपन स्कूल में दाख़िला लिया। उनकी योजना है कि 10वीं क्लास पास करने के बाद वो कॉलेज में दाख़िला लेंगी।

"मैं भी चेन्नई या बैंगलोर जाकर काम करूँगी... और सोशल वर्क भी।"

झूलिमा नए कबीले का हिस्सा है, वो कबीला जो समाज में बदलाव लेकर आता है।

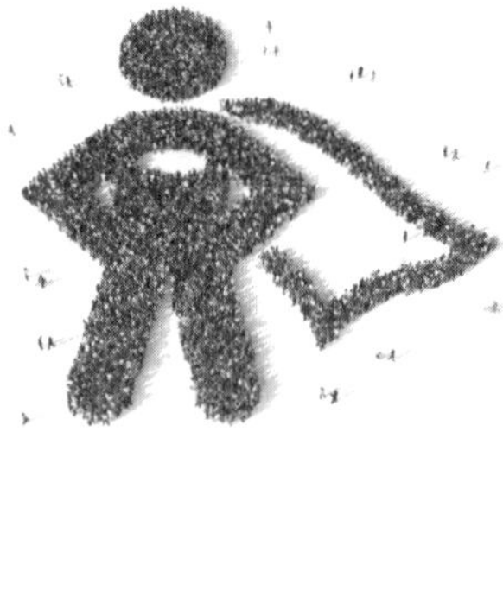

हम जंगल की संतान हैं,
वृक्षों की संतति
बदलाव के झोंके का हम स्वागत करेंगे
उस सुहानी नई हवा का

शैलेन्द्र सिंह

उम्र 19 साल, टोंक (राजस्थान)

सही बात

सोशल वर्क को उन्होंने ख़ुद चुना। ज़िंदगी के ऐशोआराम को छोड़कर, शैलेन्द्र ने बदक़िस्मत बच्चों को उनके अधिकार दिलवाने का फैसला लिया।

शैलेन्द्र उन चंद युवाओं में से हैं, जिनके पास सब कुछ होता है लेकिन फिर भी वो दूसरों के लिए कुछ कर गुज़रने का जज़्बा लेकर चलते हैं।

"मेरे दादा गाँव के सरपंच थे... मैं भी उनकी तरह गाँव के लिए कुछ करना चाहता हूँ।"

दुनिया के इस छोटे से हिस्से में ढेरों समस्याएँ हैं। राजस्थान के टोंक जिले में न तो पर्यटन है और न ही उद्योग। यहाँ मुख्य रूप से मुस्लिम आबादी के बड़े-बड़े परिवार बसते हैं। ज़्यादातर परिवारों की जीविका का माध्यम तेंदू पत्ते की बीड़ी बनाना है। तंबाकू कम्पनी की तरफ़ से 1000 बीड़ी बनाने पर 100 रुपये दिए जाते हैं।

"औरतें घर से ही ये काम करती हैं... यहाँ तक कि बच्चे भी स्कूल से आकर उनका हाथ बंटाते हैं। बच्चों को पढ़ने के लिए प्रोत्साहित भी नहीं किया जाता है।"

यहाँ की आम धारणा है कि पढ़ लिख कर क्या कर लोगे। और ये बात लड़कों पर भी लागू होती है। वहाँ कोई नौकरी तो है नहीं और 10वीं या 12वीं से आगे पढ़ाई की कोई सुविधा भी नहीं है। वास्तव में, वहाँ के सरकारी स्कूलों में शिक्षा के नाम पर कुछ पढ़ाया भी नहीं जाता।

"स्कूल जाने के बाद भी ज़्यादातर बच्चे हिसाब किताब नहीं कर पाते हैं।"

अगर आप नहीं रुके तो मुझे मजबूरन एक विडियो बनाकर अपने एनजीओ वाले सर को भेजना पड़ेगा।

वहाँ के स्कूलों में एक-क्लास, एक-शिक्षक बहुत ही कॉमन है, मतलब हर आयुवर्ग व हर क्लास के बच्चों को एक ही कमरे में बैठा दिया जाता है और उन्हें पढ़ाने के लिए शिक्षक भी एक ही उपलब्ध होता है। इस वजह से वहाँ के छात्र अनुशासन में भी नहीं रहते... और शिक्षक को भी बहुत सी समस्याओं का सामना करना पड़ता है। ये सब देखकर शैलेन्द्र को बुरा लगता लेकिन वो नहीं जानते थे कि क्या किया जाए। भले ही उनकी आँखों के सामने ही ग़लत क्यों न हो रहा हो।

"बुरा लगता था लेकिन कुछ कहने की मेरी हिम्मत नहीं थी।"

लेकिन, कोई ऊपर शैलेन्द्र की खामोश प्रार्थनाओं को सुन रहा था। जब शैलेन्द्र महज 8 साल के थे, तो गाँव में एक बाल समूह बनाया गया। वहाँ, शैलेन्द्र ने पहली बार ऐसी बातों को जाना, जो 'बाल अधिकार' के अंतर्गत आती थीं।

जैसे बच्चों को खेल के माध्यम से 'गुड टच' और 'बैड टच' के बारे में बताया गया। बाद में, शैलेन्द्र किशोर समूह में शामिल हो गए, जहाँ उन्होंने ललिता और बाबू ट्रेनिंग माध्यम से ज्ञान प्राप्त किया। अब उन्हें लगने लगा था कि वो भी 'कुछ' कर सकते थे! क्रिकेट खेलने के बजाय, उन्होंने

रविवार सुबह होने वाली समूह की मीटिंग में हिस्सा लेना शुरू कर दिया।

"हम 20-25 बच्चे थे और हमने आपस में काम बांट लिया... हम उन समस्याओं को समझना चाहते थे, जिनका सामना बच्चे कर रहे थे।"

ये समूह उन बच्चों की भी लिस्ट बना रहा था, जिन्होंने स्कूल बीच में छोड़ दिया था। और फिर वापस से उन्हें स्कूल में भर्ती करने के रास्ते भी निकाल रहा था।

इस समूह ने दूसरा काम किया दिव्यांग बच्चों की लिस्ट बनाना। इन बच्चों को राज्य की तरफ़ से भत्ता दिया जाता था, लेकिन ज़्यादातर लोगों को इसकी जानकारी ही नहीं थी। तो किशोर समूह ने ये बीड़ा उठाया कि प्रत्येक गाँवों से ऐसे बच्चों की पहचान की जाए। बहुत से बच्चों के पास तो दिव्यांग के लिए ज़रूरी एक सर्टिफिकेट भी नहीं था।

"हमने वो सर्टिफिकेट तैयार करवाया और फिर राजस्थान सरकार के ई-मित्र पोर्टल के माध्यम से पेंशन के लिए आवेदन दिया।"

कभी-कभी, प्रशासनिक कमी की वजह से भी पेंशन नहीं मिल पाती थी। ऐसे मामलों में समूह अपने सीनियर लोगों से मामला हल करने के लिए कहते। उनके प्रयासों से वजह से लगभग 20 दिव्यांग बच्चों को आर्थिक लाभ मिलने लगा। ये

सभी सिर्फ़ शैलेन्द्र के गाँव के ही नहीं हैं, बल्कि आसपास की 4-5 पंचायतों के बच्चे हैं।

लीडरशिप की इस चमक को अनदेखा नहीं किया सकता। शैलेन्द्र को डिस्ट्रिक्ट-लेवल चाइल्ड प्रोटेक्शन कमेटी (DCPC) के लिए चुना गया और इससे उन्हें आगे काम करने की प्रेरणा मिली। उनके पड़ोस में एक दिव्यांग महिला को उसका पति बहुत बुरी तरह पीटता था। शैलेन्द्र उसके पति से जाकर मिले और उसे ऐसा न करने को कहा।

"क्या समझता है अपने आप को ये छोकरा?" पति ने चिल्लाकर कहा।

शैलेन्द्र शांत रहे। उन्होंने कहा, "अगर आप नहीं रुके तो मुझे मजबूरन एक विडियो बनाकर अपने एनजीओ वाले सर को भेजना पड़ेगा।"

उस आदमी ने शैलेन्द्र के पिता से शिकायत की। लेकिन उसे वहाँ से भी कोई बढ़ावा नहीं मिला।

"अगर तुमने कुछ ग़लत किया तो मैं शैलेन्द्र को शिकायत करने से नहीं रोक पाऊँगा," शैलेन्द्र के पिता ने कहा।

और, आगे के नतीजों से डरकर, उस आदमी ने अपनी पत्नी को मारना बन्द कर दिया। ऐसे बहुत से मामले शैलेन्द्र के सामने आते रहते हैं।

“हमने घरेलु झगड़ों में दखल दी क्योंकि बच्चों पर उनका बहुत बुरा असर होता है।”

बीवी को पीटने की ज़्यादातर घटनाएँ शराब के नशे में होती हैं। तो, किशोर समूह ने इस मामले पर ध्यान देने का फैसला किया। शैलेन्द्र के गाँव में एक शराब का ठेका था। वास्तव में, ठेके के मालिक के पास तो उसे खोलने की परमिशन भी नहीं थी। लेकिन बहुत पहले किसी ने वो खोल लिया था, तो तबसे वो ऐसे ही चलता आ रहा था।

लेकिन अब समय बदल गया था। शैलेन्द्र और उनके दोस्तों ने घर-घर जाकर एक याचिका पर हस्ताक्षर करवाए। हालाँकि कुछ आदमियों ने उस पर साइन करने से मना कर दिया, लेकिन हर घर से महिलाओं और बच्चों ने उस पर दस्तखत किये। गाँव के सरपंच और पंचायत के सदस्य भी उनके प्रयास में साथ थे। तो सबकी सहमति से तय किया गया कि बिना लाइसेंस शराब बेचने वाले को 11,000 रुपये का फाइन भरना होगा।

“वो ठेका बन्द हो गया और पूरे समुदाय पर उसका सकारात्मक प्रभाव पड़ा।”

बाल विवाह की बात करें तो ये टोंक की सबसे बड़ी सामाजिक समस्याओं में से एक है। जागरूकता बढ़ने की वजह से बाल विवाह के मामलों में कुछ हद तक कमी तो आई है। लेकिन अभी भी दबे-छिपे ढंग से ये चलता रहता है। इसीलिए ग्रुप के

"मैं तब तक लड़ूंगा, जब तक हरेक बच्चे को उसका बचपन जीने का हक न मिले। भले ही इसके लिए मुझे पूरा जीवन संघर्ष क्यों न करना पड़े।"

सभी सदस्यों को हमेशा अपने आँख और कान खुले रखने को कहा जाता है। क्योंकि कुछ ऐसे निशान हैं जिनसे पता चल जाता है कि फलां घर में चुपचाप ब्याह होने वाला है। जैसे कि देव उठावनी* के आसपास किसी के घर की पुताई होना।

"अगर हमें पता चल जाए तो किसी भी कीमत पर हम शादी रुकवा देते हैं।"

ये करना हमेशा आसान नहीं था। क्योंकि अगर किसी ने लोकल पुलिस स्टेशन में शिकायत कर दी, तो वो लोग आकर शादी 'रुकवा' देते थे। लेकिन ये सब दिखावे के लिए ही था। वास्तव में तो पुलिस वाले पैसा खाकर शादी होने देते थे। और शिकायत करने वाले को ही 'फसाद की जड़' मानकर पीट दिया जाता था।

इस सबमें बदलाव आया 1098 हेल्पलाइन नम्बर की वजह से। जब कोई इस नम्बर पर फोन करता, तो उसकी पहचान गुप्त रखी जाती। और पुलिस को किसी एनजीओ कार्यकर्त्ता के साथ शादी के स्थल पर पहुँचना होता।

ऐसे में, किसी 'सेटिंग' की गुंजाइश नहीं होती। और फिर बाल विवाह भी नहीं होता।

हालाँकि पुलिस और सुरक्षा बहुत ज़रूरी होती है, लेकिन वास्तविक बदलाव अन्दर से आता है, और जो स्थायी भी

---

* हिन्दू कैलंडर के हिसाब से ये शादी के लिए एक शुभ मुहूर्त होता है।

होता है। और अब यह बदलाव दिख रहा है। शैलेन्द्र बताते हैं कि अभी कुछ साल पहले, जब उनके पड़ोस में एक महिला ने लगातार तीसरी बेटी को जन्म दिया, तो वहाँ मातम पसर गया था। और लोग सांत्वना देने भी आ रहे थे।

"आपके करम अच्छे नहीं होंगे..." लोग उस महिला से कह रहे थे।

अब, जब किसी के घर में दूसरी बेटी का जन्म होता है, तो घर में उत्सव मनाया जाता है।

"तुम्हारे घर तो लक्ष्मी हुई है।"

शैलेन्द्र को अभी हाल ही में इंटरनेशनल चिल्ड्रन'स पीस प्राइज के लिए नामांकित किया गया था। और इससे उन्हें इस क्षेत्र में काम करने का हौंसला ही मिला।

उनका सपना है कि हर बच्चे को अपने जीवन का फैसला लेने का हक़ मिलना ही चाहिए। बिना किसी ज़ोर ज़बरदस्ती के। और यकीनन, शैलेन्द्र जानते हैं कि उन्हें ख़ुद क्या चाहिए। जब शैलेन्द्र की पिता उन्हें सीकर के बढ़िया प्राइवेट स्कूल में पढ़ाई करने के लिए भेजना चाहते थे तो शैलेन्द्र ने मना कर दिया। उनकी इच्छा अपने बड़े भाई की तरह साइंस का टॉपर बनने की नहीं है।

"मैं सोशल वर्क में मास्टर करके अपना ख़ुदा का एनजीओ शुरू करना चाहता हूँ। भैया भी मेरा समर्थन करते हैं... मैं

जानता हूँ कि मैं अपना लक्ष्य हासिल कर लूँगा।"

वास्तव में, शैलेन्द्र की योजना तो अजमेर जिले में जाकर काम करने की है, जो टोंक से भी ज़्यादा पिछड़ा हुआ इलाका है।

और वहाँ तक नई सोच और नया जोश पहुँचाने की।

ये मत पूछो कि तुम्हारा देश तुम्हारे लिए क्या कर सकता है, इस युवा की तरह बनो ये पूछो कि तुम अपने देश के लिए क्या कर सकते हो, आगे बढ़ो–अपनी योजना बनाओ!

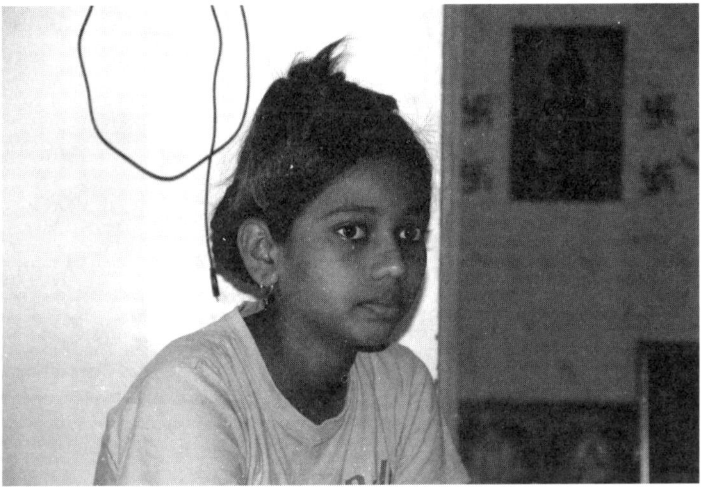

कलावती वी.ए.

उम्र 15 साल कुरुबराहल्ली (कर्णाटक)

सफाई की लहर

स्कूल कैबिनेट की 'प्राइम मिनिस्टर' के तौर पर, कलावती अपने साथी छात्रों के कल्याण के लिए काम करती हैं।

कलावती उन चंद ख़ुशक़िस्मत लड़कियों में से एक हैं, जिनके माता-पिता उन्हें स्कूल भेजना चाहते हैं।

"सिर्फ़ मैं ही नहीं, मेरी 2 बड़ी बहनें भी स्कूल गई थीं... अम्मा और अप्पा ने हमेशा हमें आगे पढ़ने के लिए प्रोत्साहित किया।"

कलावती के पिता उत्तरी कर्णाटक के होसपेट शहर की गलियों में मूंगफली बेचते; उनकी माँ मज़दूरी करतीं। लेकिन उन्हें पता था कि शिक्षा ही उनकी बेटियों के लिए आगे बढ़ने का एकमात्र जरिया थी।

लेकिन 12 साल की उम्र में, कलावती स्कूल छोड़ने वाली थीं। हर दोपहर, वो उदास चेहरा लिए घर लौटती थीं। और वो क्लास बंक करने के बहाने ढूँढ़ती रहतीं।

"अम्मा, आज मेरे पेट में बहुत दर्द हो रहा है," वो कहतीं और माँ को मनाने के लिए ज़ोर से कराहती भी। लेकिन माओं को आसानी से उल्लू नहीं बनाया जा सकता। बेमन से, कलावती अगले दिन फिर से स्कूल के लिए निकल जातीं।

पर असली समस्या क्या थी? खैर, स्कूल वहाँ से 10 किलोमीटर दूर था और उस रूट पर कोई बस भी नहीं चलती थी। रोज-रोज ऑटो से जाने का खर्च वो उठा नहीं सकती थीं। तो कलावती को पैदल चलकर स्कूल जाना-आना पड़ता और ये सफ़र बहुत थकान भरा होता। ये भी ठीक था... लेकिन रास्ते में मिलने वाले उन राक्षसों का क्या?

ये शैतान 9वीं और 10वीं क्लास के लड़के थे, जिनकी आँखों में हवस और मुंह पर पतली मूंछें आने लगी थीं। शुरुआत में वो सिर्फ़ घूरते थे, लेकिन धीरे-धीरे उनकी हिम्मत खुलने लगी।

"वो सीटी मारते और फ़िल्मों के गाने गाते... इससे मुझे बहुत डर लगता और शर्मिंदगी होती!"

और इस बारे में वो अपने माता-पिता से कैसे कह सकती थीं? वो भी शायद उन्हें ही दोष देते! तो कलावती सोचने लगीं कि शायद स्कूल छोड़ना ही सही विकल्प होगा...

खैर, किसी तरह वो साल निकल गया। कलावती 7वीं क्लास में आ गईं। और एक दोपहर, उन्हें टीचर ने स्कूल में ही रुकने को कहा।

"तुमको एक प्रोग्राम में हिस्सा लेने के लिए चुना गया है," टीचर ने कहा।

प्रोग्राम था समुदाय अभिरुद्धि* और वो बहुत दिलचस्प था! बढ़िया सलवार कमीज़ पहने एक नरमदिल दीदी ने उन्हें व्यक्तिगत साफ़-सफाई के बारे में बताया। लेकिन वो किसी को टॉयलेट साफ़ रखने के बारे में क्यों बता रही थीं! कलावती के मन में अपने स्कूल के बदबूदार टॉयलेट की छवि तैर आई, (जिसका इस्तेमाल करने से उन्हें चिढ़ थी)।

"ओह, हमारे स्कूल का टॉयलेट ऐसा साफ़-सुथरा होना

---

* सेव द चिल्ड्रन द्वारा आयोजित प्रोग्राम

चाहिए!" उन्होंने मन में सोचा।

उस प्रोग्राम में एक वीडियो प्रेजेंटेशन भी दिखाई गई, जिसमें 'व्यक्तिगत सफाई के 6 स्टेप' बताए थे। कलावती ने उन पॉइंट्स को कॉपी में लिख लिया। उस दिन वो उछलते-कूदते घर गईं, रास्ते के शैतानों को अनदेखा करते हुए।

किसी को तो बोलना होगा, और दूसरों की मदद से समाधान तलाशना होगा।

"हम सबको खाना खाने से पहले अपने हाथ ज़रूर धोने चाहिएँ," उस रात उन्होंने अपने परिवार से कहा।

और उन्होंने उत्सुकता से अपनी क्लास के दूसरे बच्चों और पड़ोसियों को साफ़-सफाई के बारे में बताया। उनके जोश को देखकर, कलावती की टीचर ने उन्हें स्कूल कैबिनेट से जोड़ दिया।

पहली मीटिंग में तो कलावती बहुत नर्वस थीं। लेकिन ये कोई रेगुलर क्लास नहीं थी जहाँ टीचर बोल रही हों और सब बच्चे सुन रहे हों। वहाँ मौजूद हर बच्चे को बोलने और उनकी समस्याओं के बारे में बताने को कहा गया। धीरे-धीरे, कलावती में आत्मविश्वास आया और उन्होंने स्कूल आने-जाने के समय की परेशानी के बारे में बताया।

वो ये जानकर हैरान रह गईं कि दूसरी लड़कियाँ भी इसी परेशानी का सामना कर रही थीं!

"हमने तय किया कि जब हमारी संख्या ज़्यादा होगी, तो हमें बल मिलेगा। अबसे हमें साथ ही जाना चाहिए और फिर भी अगर लड़कों ने कोई बदतमीजी की तो हम उन्हें धमका देंगे।"

कलावती को एहसास हुआ कि समस्याएँ हल हो सकती हैं। किसी को तो बोलना होगा, और दूसरों की मदद से समाधान तलाशना होगा। उनके मन में एक बार फिर से अपने स्कूल का गन्दा टॉयलेट घूम रहा था।

"क्या हम इसके बारे में कुछ नहीं कर सकते?" उन्होंने स्कूल के साप्ताहिक कैबिनेट मीटिंग में पूछा।

मंजुनाथ सर को वो आईडिया अच्छा लगा और उन्होंने इस मामले को देखने के लिए वाश (वाटर, सेनिटेशन और हाइजीन) कमेटी बनाई।

समस्या बहुत सीधी थी–पूरे स्कूल के लिए सिर्फ़ एक ही सफाई कर्मी थी। तो ज़्यादा काम की वजह से वह हर चीज पर ध्यान नहीं दे सकती थी। तो ये तय किया गया कि अब से उनके साथ 4-5 टीम सहयोग करेंगी, जिनमें बच्चे शामिल होंगे। हर दिन बच्चे सफाई कर्मी के साथ क्लास और ज़रूरत पड़ने पर टॉयलेट की सफाई भी करते। हेडमास्टर ने ख़ुशी-ख़ुशी अतिरिक्त बाल्टी और झाड़ू उपलब्ध करवा दिए।

"यहाँ तक कि कुछ अध्यापकों ने भी उसमें साथ दिया...

क्योंकि यह हमारा स्कूल है... और इसे भी हमारे घर की तरह ही साफ़ होना चाहिए।"

और जल्दी ही, वेमगल सरकारी स्कूल की बिल्डिंग और उसके टॉयलेट साफ़-सफाई में दूसरे लोगों के लिए आदर्श बन गए। अब दूसरे स्कूल भी उसी मॉडल को कॉपी कर रहे थे! इसके बाद स्कूल को प्लास्टिक-फ्री बनाने का अभियान छेड़ा गया। बहुत से बच्चों को आदत थी कि वो मिठाई खाकर उसके पैकेट इधर-उधर फेंक देते थे। ऐसे बच्चों पर सख्ती से नज़र रखी गई और उन्हें कूड़ेदान इस्तेमाल करना सिखाया गया।

वहाँ के छात्रों को पीने के पानी की कमी की समस्या भी झेलनी पड़ रही थी। इसे भी हेडमास्टर के सामने रखा गया। वाश कमेटी ने पानी के टैंक की सफाई पर भी नज़र रखी।

कई बच्चों ने शिकायत की कि टॉयलेट जाते समय उनके जूते गीले हो जाते हैं।

"हमने हेडमास्टर से कहा और वो हमें चप्पलें देने को तैयार हो गए।"

गर्मियों की छुट्टी में, कलावती ने समर कैंप* (*सेव द चिल्ड्रन द्वारा आयोजित) में भाग लिया। कैंप के अंतिम 2 दिनों में, बच्चे पुराहल्ली गाँव में गए और वहाँ घर-घर जाकर सर्वे किया।

---

* बच्चों की माँगें, जिन्हें 2019 के आम चुनावों से पूर्व बड़े दलों को सौंपा गया।

"मैं ख़ूब पढ़ना चाहती हूँ... ताकि अपनी कमाई से उन बच्चों की पढ़ाई में मदद कर सकूँ, जिनके पास पर्याप्त पैसे नहीं हैं।"

"आपको क्या समस्याएँ हैं?" उन्होंने पूछा। "क्या आपके घर पानी आता है, क्या आपके घर में शौचालय बना है?"

सारी बातें जानने के बाद, पंचायत सदस्यों और बीडीओ (ब्लॉक डवलपमेंट ऑफ़िसर) के साथ एक मीटिंग की गई। उन्होंने उन समस्याओं पर ध्यान देने का वादा किया।

दशहरे की छुट्टियों में, कलावती ने तय किया कि वो अपने दोस्तों की मदद से, ऐसा ही एक सर्वे अपने पास के गाँव में करेंगी। एक बार फिर से, उन्होंने पंचायत के सदस्यों के साथ मिलकर उन समस्याओं के बारे में बताया। और फिर ये क्रम चल निकला। चंद महीनों में, वहाँ बदलाव दिखाई देने लगा। बेहतर सड़कें और ज़्यादा स्ट्रीट लाइट... धीरे-धीरे, लेकिन निश्चित रूप से एक नेता का जन्म हो रहा था।

8वीं क्लास में, कलावती को स्कूल कैबिनेट का 'प्राइम मिनिस्टर' चुना गया। वो मित्रवत लेकिन दृढ़ता से मीटिंग का संचालन करतीं। लेकिन सिर्फ़ चर्चाओं से बात नहीं बनती, एक्शन भी लेना पड़ता है।

2018 में, कलावती ने सक्रिय रूप से बच्चों का एक मैनिफेस्टो* तैयार करवाया, जिसमें बच्चों की माँगें लिखी थीं, जो वो विधानसभा चुनावों में हिस्सा लेने वाले राजनैतिक दलों से पूरा करवाना चाहते थे।

"हमें आधारभूत सुविधाएँ चाहिए, जैसे स्कूल जाने के लिए

बढ़िया ट्रांसपोर्ट," कलावती ने विश्वासपूर्वक कहा। वह बैंगलोर प्रेस क्लब में आयोजित एक प्रोग्राम में बोल रही थीं। उस प्रोग्राम में सरकारी अधिकारी, मीडिया और श्री मुरली जैसे फ़िल्म सितारे भी मौजूद थे, लेकिन कलावती का आत्मविश्वास नहीं डगमगाया। जहाँ चाह होती है, वहाँ राह तो बन ही जाती है...

"दूसरों का ध्यान रखना, उनकी मदद करना तो कलावती के स्वाभाव में ही शामिल है," उनकी टीचर ने कहा।

इसमें कोई हैरानी नहीं कि कलावती को माउंट कारमेल कॉलेज में 'चेंजमेकर' अवार्ड के लिए चुना गया।

14 साल की उम्र में, कलावती जानती हैं कि उन्हें ज़िन्दगी में क्या करना है।

"मैं खूब पढ़ना चाहती हूँ... ताकि मैं लोगों की उनकी ज़िन्दगी बनाने में मदद कर सकूँ..."

शायद टीचर, या सोशल वर्कर, या डॉक्टर या कोई सरकारी अफसर बनकर। कौन जाने? लेकिन एक चीज तो तय है कि हमें कलावती जैसे बहुत से बच्चों की ज़रूरत है।

एक साफ़ दिमाग और दिल
राह की हर बाधा हटा देगा
और खुली राह पर तुम
थोड़ा और खुलकर मुस्कुराना

सुजंती कुमारी

उम्र 23 साल, गया (बिहार)

कीमत सही नहीं है

दहेज़ प्रथा ज़िन्दगियों को बर्बाद कर देती है। सुजंती कुमारी ने अपनी मधुर आवाज़ को इस बुराई के ख़िलाफ़ उठाया।

ग्रामीण बिहार में पली-बढ़ी, सुजंती कुमारी अक्सर बंधी-बंधाई परिपाटी से परेशान हो जातीं और फिर वो अपने विचार और भावनाओं को अपनी स्कूल की कॉपी पर उंडेलने लगतीं।

"मैं अपनी बेचैनी के बारे में अपनी बड़ी बहन को बताती... वो हसकर कहती कि ये दुनिया ऐसी ही है।"

लेकिन अपने छोटे से तरीके से ही सही, वो इस दुनिया से लड़ने लगी थीं। उनके पिता बेटियों को स्कूल भेजने के ख़िलाफ़ थे। उनका मानना था कि 'सादी ही तो करनी है'।

"लड़कियों को पढ़ाना मतलब अपना पैसा कुएँ में फेंकना," वो कहा करते।

और पैसे की तो वैसे भी तंगी थी। बरसात में पूरा परिवार रात-रात भर जागकर, टपकती टीन की छत से पानी जमा करता था। उनके पास बस पर्याप्त खाने को था, लेकिन जोड़ने के नाम पर कुछ नहीं था।

"हमारे पास पहनने को ढंग के कपड़े नहीं थे लेकिन फिर भी मैं और मेरी बहन सोचते थे कि किसी तरह पढ़ लें, कुछ कर लें।"

धान के मौसम में दोनों बहनें खेत पर मज़दूरी करने भी जाती थीं और उन्हें मेहनताने में अनाज मिलता था। लेकिन स्कूल की फीस भरने के लिए वो काफ़ी नहीं था। क़िस्मत से, सुजंती की बहन को महिला समाख्या नाम के लोकल एनजीओ में

नौकरी मिल गई, जिससे उन्हें महीने के 1000 रुपये मिल जाते थे। तो इस तरह से उनकी बहन ने 12वीं क्लास पूरी की।

लेकिन इसके तुरन्त बाद ही, उसकी शादी कर दी गई और फिर सामने आई एक नई समस्या। कर्ज का बोझ।

"लड़की की शादी का मतलब था कि दूल्हे के परिवार नकद और सामान के रूप में दहेज़ दिया जाएगा। इस रिवाज को तो सभी को निभाना होता।"

लड़की का परिवार माँगकर, उधार लेकर और अपना सब बेचकर भी इस एक दिन के लिए समाज में अपनी इज़्ज़त बचाने की कोशिश करता था। सुजंती के पिता ने भी वही किया, जो उन्हें करना था।

"अब तुम भी पढ़ाई छोड़ दो," उन्होंने अपनी छोटी बेटी से कहा। लेकिन छोटी बेटी ने इस हुकुम के ख़िलाफ़ अपना विरोध दर्ज कराया।

"मैं खूब रोई और कह दिया कि मैं पढ़ाई करूँगी," सुजंती याद करती हैं।

उनके इस साहसी उपक्रम में, उनकी माँ ख़ामोशी से उनके साथ थीं। गली-गली सामान बेचकर, वो जो थोड़े बहुत पैसे कमा पाती थीं, उन्हें सुजंती की फीस में दे देतीं। और इस तरह सुजंती सैकेंड डिविजन से 10वीं क्लास पास करने में सफल हुईं। इस नए आत्मविश्वास और समझ के साथ सुजंती

ने घर में बच्चों को ट्यूशन पढ़ाना शुरू कर दिया, जिससे उन्हें महीने में 50 रुपये मिल जाते थे। और उन्होंने फर्स्ट डिविजन से 12वीं क्लास पास की।

पर आगे पढ़ाई कैसे होगी का सवाल उनके मन में था।

बचपन से ही सुजंती को डांस और गाने का शौक था। उनकी मधुर आवाज़ की सब तारीफ़ किया करते थे। तो क़िस्मत से, एक प्राइवेट स्कूल के 'सर' ने उन्हें उनके बच्चों को ट्रेनिंग देने को कहा। वो बच्चे अपने स्कूल के लिए वार्षिक दिवस समारोह की तैयारी कर रहे थे। ये वो काम था, जो सुजंती के दिल के क़रीब था। और इससे मिले पैसों से सुजंती बीए फर्स्ट इयर की फीस दे पाईं।

लगभग इसी समय, उनके बड़े भाई की शादी हुई। उसे दहेज़ में 90,000 रुपये नकद मिले। लेकिन ये थोड़े समय की ख़ुशी थी। तभी सुजंती के लिए एक अच्छा रिश्ता आ गया और उसे मंजूर भी कर लिया गया।

"मेरे भाई को जो दहेज़ मिला था, उसमें से मेरे ससुराल वालों को 50,000 नकद और एक मोटरबाइक दे दी गई।"

सुजंती और उनके पति मुश्किल से 15 दिन ही साथ में बिता पाए, और फिर उनके पति को गुजरात की एक फैक्ट्री में काम के लिए जाना पड़ा। उनके पति के पास और कोई विकल्प ही नहीं था। उनका परिवार भी कर्ज के बोझ में दबा हुआ

था—वो कर्ज जो उन्होंने अपनी बहन की शादी के लिए गाँव के महाजन से लिया था।

जीवन के भले के लिए, अविवाहित रहना ही बेहतर होगा।

और ये क्रम बस चलता ही रहता है, कभी न रुकने के लिए।

सुजंती की एक छोटी बहन भी है और उसकी शादी की चिन्ता भी सबको खाए जा रही है। कहाँ से आएगा पैसा?

"अपने परिवार और ससुराल को देखकर मुझे एहसास हुआ कि इस दहेज़ प्रथा का अंत होना ही चाहिए!"

अपनी पढ़ाई पूरी करने के साथ ही, सुजंती एक चिल्ड्रन ग्रुप एलुमनाई नेटवर्क* की भी मेम्बर हैं। इस काम ने समाज की बुराइयों के प्रति उनके गुस्से और हताशा को एक आकार दिया। उन्होंने अपने गुस्से को नाटक और गीत के रूप में बाहर निकाला। अपनी बात कहने के लिए ये उनका अपना तरीका है : 'न दहेज़ लेना है, न दहेज़ देना है'।

"युवा लोग इसे सुनकर, इससे सहमत होते... लेकिन बड़े लोगों के कानों पर जू तक नहीं रेंगी," उन्होंने कहा। लेकिन फिर भी वो लोग रुककर, सुजंती की मोहिनी आवाज़ में इस

* सेव द चिल्ड्रन के लोकल पार्टनर, समग्र सेवा केंद्र द्वारा बनाया गया ये समूह बच्चों के व्यस्क होने के बाद उनकी प्रतिभा को उभारने का काम करता है।

गाने को ज़रूर सुनते। इस गीत में उन्होंने दहेज़ प्रथा की भयानक सचाई को सबके सामने लाकर रख दिया। ये गीत भोजपुरी भाषा से अपने हिन्दी अनुवाद* में भी दिल को छलनी कर जाता है।

जानती जे जारल जईबू आग में दहेज़ के
पाप नहीं करती बेटी ससुरा में भेज के
कटले तू होइबू रनिया बड़ा रे बिपतिया
रोअते बितल होई दिनवा ऊ रतिया
(तूने बड़ी विपद सहीं बिटिया
तेरे रात दिन रोते हुए ही बीते)
जानती जे जारल जईबू आग में दहेज़ के
पाप नहीं करती बेटी ससुरा में भेज के
का कहीं बबुनी हो अपना नसीब के बेटी
होक काहे अइलू घर में गरीब के
(बिटिया, अपना नसीब मैं क्या कहूँ
तूने इस गरीब के घर जन्म ही क्यों लिया)
करती बियाह नाहीं, रखती कुंआरी
सुनी लहती सही लिहती लोगवन के गारी
अलगा ना होखे दिहती अपना करेज के
(बस में होता तो मैं तेरा ब्याह ही न करती
लोगों के सारे ताने सुन लेती
लेकिन अपने कलेजे के टुकड़े को जुदा नहीं करती)

---

*भोजपुरी गीत का शीर्षक है 'जानती कि जारल जाइबू'

"जो ट्रेनिंग इत्यादि मैं कर रही हूँ, उनके माध्यम से मैं लड़कियों को प्रोत्साहित और सक्षम करना चाहती हूँ, जो मेरी ही तरह मुश्किल हालातों का सामना कर रही हैं। जो उन मुश्किल चुनौतियों का सामना करके आगे बढ़ना चाहती हैं।"

जानती जे जारल जईबू आग में दहेज़ के
पाप नहीं करती बेटी ससुरा में भेज के
लोभ से सलिल बाटे बदलल कुरीतिया
जहर पिआवल जाता लाइके पिरीतिया
एकरा से निमन रहे शासन अंगरेज के
(गर समाज की इन लालची प्रथाओं को जानती
तो लाड़ से जहर ही दे देती
इससे बेहतर कुंआरा रहना ही है)
जानती जे जारल जईबू आग में दहेज़ के
पाप नहीं करती बेटी ससुरा में भेज के

लेकिन उनका क्या जो जाने-अनजाने में आज भी ये पाप कर रहे हैं, सिर्फ़ ये कहलवाने के लिए कि 'मेरी बेटी शादीशुदा है'। इस सबका अंत कब होगा?

"काश किसी दिन सरकार उन लोगों के लिए सख्त क़ानून लेकर आए जो दहेज़ लेते और देते हैं," सुजंती कहती हैं। "वैसे ही जैसे वो बाल विवाह के ख़िलाफ़ लेकर आए।"

तब तक वो अन्याय के ख़िलाफ़ यूँ ही अपनी मधुर आवाज़ उठाती रहेंगी।

इंसान की कोई एमआरपी
(अधिकतम ख़ुदरा मूल्य) नहीं होती।
दुल्हन की कीमत मत लगाओ।
ये मेरे सपनों का भारत है।
जहाँ लड़कियों को पूरे सम्मान और
गर्व के साथ जीना है।

पढ़ेंगे

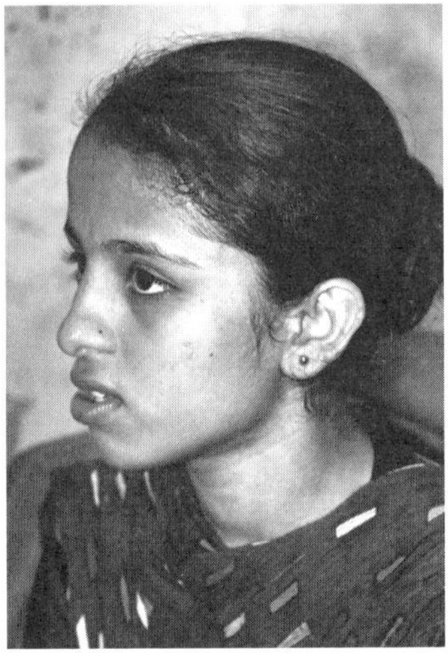

सलेहा खान

उम्र 20 वर्ष, गोवंडी (मुम्बई)

उसके क़दमों में उड़ान

उनके पिता उन्हें 8वीं क्लास से आगे नहीं पढ़ाना चाहते थे। लेकिन अपनी दृढ़ता से वह आगे बढ़ीं, और दूसरी लड़कियों के लिए भी रास्ते बनाए।

सलेहा का पालन-पोषण मुम्बई के, गोवंडी में हुआ जहाँ इंसान मक्खियों, गन्दगी और मल के साथ रहता है।

"मेरे पिता की साइकिल मरम्मत की दुकान है, और मेरी माँ एक गृहिणी हैं... हम लोग मूल रूप से यू.पी. से हैं।"

ये शहर का वो हिस्सा है, जिसे ये शहर और इस शहर को बसाने वाले, भुला चुके हैं। यहाँ के बाशिंदे कम आय वाले, अप्रवासी परिवार हैं। और वैसे भी, हमें अपनी गन्दगी फेंकने के लिए कोई जगह तो चाहिए... तो बस ये जगह इसीलिए है। वो कूड़ाघर बढ़ते-बढ़ते अपने वर्तमान स्वरुप में पहुँच गया, और वास्तव में यह कूड़े का पहाड़ है। सलेहा को याद है कि बचपन में वो इस पर खेलती थीं।

"हमें नहीं पता था कि वो गन्दी जगह थी... मेरे दोस्त कूड़े के उस ढेर पर ऊपर-नीचे भागा करते और चिप्स के पुराने पैकेट बटोर लेते।"

एक बार सलेहा की अम्मी ने उनके हाथ में ऐसा ही एक पैकेट देख लिया, तो उन्होंने पैकेट छीनकर सलेहा को ज़ोर से डाँट दिया। उन्होंने उस छोटी बच्ची को समझाया कि उसे वहाँ नहीं जाना चाहिए, और ऐसी चीजें नहीं खानी चाहिए। इससे वो बीमार हो जाएगी।

"दोबारा वहाँ मत जाना," अम्मी ने समझाया। "बच्चों के लिए ठीक नहीं है।"

लेकिन बच्चे खेलने-कूदने के लिए और कहाँ जा सकते थे? मुम्बई के दूसरी झोंपड़-पट्टी की तरह ही (लेकिन उनसे कुछ ज़्यादा बदतर!) बैंगनवाड़ी भी तंग और भीड़ से भरी थी, पतली गलियाँ और खुले में बहती नालियाँ। और अक्सर गटर का पानी सलेहा के एक कमरे के छोटे से घर में घुस जाता था। इस घर में सलेहा का 6 सदस्यों का परिवार रहता था।

"वो बहुत मुश्किल था...हमारे घर में न तो कोई टॉयलेट था और न ही पानी का कनेक्शन।"

झुग्गीवासियों को पानी के टैंकर से 30-50 रुपये प्रति गैलन पानी लेना पड़ता है। बाल्टियाँ भरने के लिए भी घर से कुछ दूरी पर जाना होता है। हर कोई हैरान रह जाता कि अपनी छोटी कदकाठी के साथ सलेहा कैसे घर के कामों में अपनी अम्मी का हाथ बंटाती। और ये काम करते हुए हमेशा सलेहा के मुंह पर एक मुस्कान बनी रहती।

"बचपन से ही सलेहा का बहुत हेल्पिंग नेचर है," उनकी अम्मी ने बताया।

अपनी उम्र की दूसरी लड़कियों की तरह ही, सलेहा का भी मन स्कूल जाने को करता था। गोवंडी का सरकारी स्कूल सिर्फ़ 7वीं क्लास तक ही है। सेकेंडरी स्कूल चेम्बूर में है, जो यहाँ से काफ़ी दूर है। सलेहा के अब्बू उन्हें वहाँ भेजना नहीं चाहते थे। वो ख़ुद भी कभी स्कूल नहीं गए थे और उन्हें पढ़ाई की

कोई अहमियत भी समझ नहीं आती थी।

“हमेशा पढ़ती रहेगी क्या?”

सलेहा की बड़ी बहन को पहले ही स्कूल से निकाल कर घर पर अम्मी का हाथ बंटाने को कहा जाता था। सलेहा को स्कूल से न निकालने के लिए अब्बू को बहुत समझाना पड़ा था। लोकल स्कूल की टीचर ने भी उन्हें घर पर आकर समझाया था। आख़िरकार, सलेहा ने इसके लिए एक बढ़िया योजना बना ली। उन्होंने अपने पड़ोस की तीन और लड़कियों को उसी स्कूल में जाने के लिए मना लिया।

“हम सब एक साथ जाएँगे–एक दूसरे का ख्याल रखेंगे!”

हमेशा नरमाई और तमीज से बात करने वाली सलेहा हमेशा अपने दिल की सुना करती थीं।

एक सुबह अपनालय एनजीओ से एक कार्यकर्त्ता उन्हें मासिक धर्म से सम्बंधित साफ़-सफाई की क्लास के बारे में बताने आईं। सलेहा की अम्मी ने उन्हें क्लास में जाने से मना कर दिया।

उन्होंने सोचा कि उनकी 12 साल की बेटी इस ‘एडल्ट-एजुकेशन’ के लिए बहुत छोटी है। आख़िरकार छोटी लड़कियाँ ऐसी बातें सुनकर बिगड़ जाती हैं...

हालाँकि उनकी अम्मी ने उन्हें जाने की इजाज़त नहीं दी

थी, लेकिन फिर भी सलेहा ने वहाँ जाने का निर्णय लिया। और उन्हें वो क्लास बहुत उपयोगी और दिलचस्प लगी। वहाँ की टीचर ने समझाया कि मासिक धर्म क्या हो है, पैड का इस्तेमाल कैसे करना चाहिए और उन दिनों में साफ़-सफाई का ख्याल कैसे रखना चाहिए। और ये सब चर्चा और खेल के माध्यम से सिखाया गया।

> **यद्यपि नरमाई और तमीज से बात करने वाली सलेहा हमेशा अपने दिल की सुना करतीं**

"क्लास में अच्छा अच्छा बताते हैं," उन्होंने अपनी अम्मी को बताया।

वास्तव में, लगभग एक साल बाद, सलेहा को लगा कि अब वो इस बारे में इतना जान गई थीं कि ख़ुद इसकी क्लास ले सकती थीं। हालाँकि शुरुआत में वो नर्वस रहीं, लेकिन जल्दी ही उन्हें ख़ुद पर भरोसा हो गया।

"मुझे बहुत अच्छा लगा जब लड़कियों ने आकर मुझे बताया कि इन क्लासों से उन्हें बहुत मदद मिली!"

10वीं के इम्तिहान में 59% लाने के बाद, सलेहा और उनकी सहेलियों को अपने ही घर के पास जूनियर कॉलेज में दाख़िला मिल गया। इस बीच, उन्हें आँगन नाम के एक एनजीओ से आत्मरक्षा की ट्रेनिंग लेने का मौक़ा भी मिला। उन्हें बताया गया कि कैसे मार्शल आर्ट और लाल मिर्च के पाउडर से अपने

हमलावर से निपटना है!

“कभी रियल में तो यूज नहीं किया, लेकिन मुझे लगता है कि मैं किसी भी परिस्थिति का सामना कर सकती हूँ!”

लगभग इसी समय सलेहा के साहस के छोटे-छोटे कारनामों की तरफ़ सकाल न्यूज़पेपर ग्रुप का ध्यान गया, जिन्होंने सावित्रीबाई फुले अवार्ड की स्थापना की थी। ये अवार्ड आमतौर पर समाज कल्याण कार्यों के लिए किसी बड़ी उम्र की महिला को दिया जाता है। लेकिन वो लोग 17 साल की सलेहा के कामों से इतना प्रभावित हुए कि उन्होंने सलेहा को अवार्ड के लिए नामांकित कर लिया।

पहली बार उनके साधारण से घर में, एक पत्रकार आया। जाते समय पत्रकार के चेहरे पर संतुष्टि थी कि स्टोरी में दम है।

अवार्ड समारोह का आयोजन 1 जनवरी 2017 को किया गया, और आयोजकों ने सिर्फ़ एक ही गुजारिश की थी।

“उल्हासनगर (मुम्बई का एक उपनगर) में समारोह के लिए प्लीज अपने अब्बू को भी साथ लाना।”

बहुत सी ना-नुकुर करने के बाद, आख़िरकार शकील खान अपनी बेटी के साथ जाने को तैयार हो गए। वेन्यू पर जमा भारी भीड़ को देखकर वह हैरान रह गए थे। और वहाँ मौजूद हर शख्स उनकी बेटी के लिए तालियाँ बजा रहा था।

"कभी-कभी अभिभावक हमें देखकर अपने दरवाज़े बन्द कर लेते हैं, लेकिन हम तब तक उनका पीछा नहीं छोड़ते, जब तक वो हमारी बात सुनने के लिए तैयार नहीं हो जाते।"

“आज मुझे बहुत ख़ुशी है,” अब्बू कहते हैं। “तुम मेरे लिए किसी लड़के से कम नहीं हो।”

वो समारोह बदलाव का एक पल लेकर आया। सलेहा के अब्बू अब उनके सबसे बड़े सपोर्टर बन गए। जब सलेहा ने 12वीं क्लास पास करने के बाद सनपदा के कॉमर्स कॉलेज में जाने की इच्छा जताई, तो उन्होंने न तो सलेहा को मना किया और न ही कोई सवाल पूछा। बल्कि वो ख़ुशी-ख़ुशी उतना खर्च उठाने को तैयार हो गए, जितना उठा सकते थे। बाकी का खर्चा अपनालय एनजीओ ने उठाया।

अपनी पढ़ाई के साथ-साथ, सलेहा मासिक धर्म में साफ़-सफाई पर सेशन भी देती रहती हैं (वो अब तक ऐसे 250 क्लास आयोजित कर चुकी हैं!)। उन्होंने एक ख़ास प्रोजेक्ट का भी जिम्मा उठाया, जिसका मकसद झुग्गी की गन्दगी को सबके सामने लाना था। सेव द चिल्ड्रन की वर्कशॉप से फोटोग्राफी सीखने के बाद, उन्होंने उस प्रतिभा का इस्तेमाल करने का निर्णय लिया।

“हमने अपने एरिया के फोटो लिए... टॉयलेट के, कूढ़े के... और एक प्रदर्शनी आयोजित की।”

भरे हुए पाखाने, कीचड़ का ढेर और भिनभिनाती मक्खियाँ वहाँ के आम दृश्य थे। लेकिन वहाँ के निवासियों का ध्यान उस पर नहीं जाता। लेकिन उसी दृश्य की फुल एचडी तस्वीरों का उन पर ज़बरदस्त असर पड़ा। महिलाओं ने तय किया कि

वो सार्वजानिक शौचालय की साफ़-सफाई का ध्यान रखेंगी और दिन में दो बार उनकी सफाई सुनिश्चित करवाएँगी। और धीरे-धीरे वहाँ अंतर दिखाई देने लगा।

सलेहा खान और उनके परिवार के हालात में भी सुधार आया। अब वो 3 कमरे वाले तीन मंजिला घर में रहते हैं, जहाँ नल में पानी आता है। उनके घर के बाहर का गटर ठीक हो गया है, और इसमें भी उन्होंने महत्त्वपूर्ण भूमिका निभाई। उन्होंने अपनी अम्मी और पड़ोस की दूसरी महिलाओं को समझाकर एक याचिका पर साइन करवाए और वो याचिका स्थानीय एमएलए तक भिजवाई।

“हमने अपना हक माँगा और वो हमें मिल गया।”

लड़कियों के लिए लड़ना आसान नहीं है और वो भी एक छोटी लड़की के लिए। अशोका यूथ वेंचर जैसे प्लेटफार्म ने सलेहा का आत्मविश्वास बढ़ाने में योगदान दिया। 2017 में, जब उन्होंने बंगलौर के ट्रेनिंग सेशन में भाग लिया, तो उन्हें एहसास हुआ कि पूरे भारत से बहुत सी ऐसी लड़कियाँ हैं जो उन्हीं की तरह शिक्षा से जुड़े मसलों का सामना कर रही हैं।

“उन लड़कियों से मिलकर मुझे ताक़त मिली... मैंने सोचा कि मुझे एक्टिव रहते हुए दूसरों की मदद करनी चाहिए।”

सितम्बर 2018 में, सलेहा खान को #गर्लचैंपियन चुना गया, जिसे भारत की लड़कियों की तरफ़ से यूनाइटेड नेशन जनरल

असेम्बली में बोलना था। जब वो एयर इंडिया की फ्लाइट में बैठकर न्यू यॉर्क की तरफ़ रवाना हुईं, तो उनके दिल में रोमांच और घबराहट दोनों थी। वो पहली एरोप्लेन में बैठ रही थीं और पहली ही बार किसी विदेशी ज़मीन पर पाँव रखने जा रही थीं।

फोरम में, सलेहा ने 'सस्टेनेबल डवलपमेंट गोल्स' पर चर्चा में भाग लिया। वो 155 देशों से आये अपने जैसे बच्चों से मिलकर उत्साहित थीं। लड़कियों की शिक्षा पर एक फ़िल्म वहाँ दिखाई गई थी, जिसमें सलेहा के संघर्ष को कवर किया गया था। जब मेलिंडा गेट्स ने स्टेज पर बोला, तो उन्होंने ख़ासतौर पर मुम्बई से आई बहादुर लड़की का जिक्र किया। लेकिन वो सलेहा का नाम ठीक से नहीं बोल पाईं।

"तो उनकी स्पीच के बाद मैंने ख़ुद उनके पास जाकर अपना परिचय दिया... उन्हें बताया कि मेरा नाम सलेहा है, सैली नहीं।"

"ओह... उसके लिए माफ़ करना," मेलिंडा गेट्स ने कहा। "पर तुमसे यहाँ मिलकर मुझे बहुत ख़ुशी हुई।"

सलेहा दिल में 'और ज़्यादा करने' की ऊर्जा और दृढ़ता लिए मुम्बई वापस लौट आईं। उन्होंने एक और चीज करने की ठान ली थी, 'अपनी अंग्रेजी सुधारने की'। इससे उन्हें टाटा इंस्टिट्यूट ऑफ़ सोशल साइंस (TISS) से मास्टर करने के अपने लक्ष्य में भी मदद मिलती। तब तक वो अपने

फाइनल इयर की तैयारी और ट्यूशन पढ़ाकर कुछ पैसे जमा करने के संघर्ष में व्यस्त हैं। और अपनालय के साथ काम करने में भी।

सलेहा अपने समुदाय से 14 लड़कियों का मार्गदर्शन कर रही हैं। वो बड़े अधिकार और अपनेपन के साथ बेटियों के हक़ के बारे में अभिभावकों को समझाती हैं। उन्हें स्कूल जाने दो, उनकी शादी में जल्दी मत करो। उन्हें उस पीड़ा से मत गुजरने दो, जो उनकी अपनी बहन ने झेली है। उनकी बहन 16 साल की उम्र में ही एक बच्चे की माँ बन गई थी। क्योंकि वो तब अपना भला-बुरा नहीं जानती थी।

"अब तो मेरे पापा भी कहते हैं... ग़लती हो गई, फिर ऐसा नहीं होने देंगे।"

यही बदलाव है। वास्तविक और स्थिर बदलाव। वो बदलाव जो समुदाय के अन्दर से ही आता है।

एक क़दम और आगे बढ़ते हुए, सलेहा की अम्मी कहती हैं, "अगर हम लड़कियों को परदे में रखें और लड़कों को यूं ही खुला, बिना निगरानी के घूमने दें, तो ये भी तो सही नहीं है न।"

लड़कों और लड़कियों को ही पता होना चाहिए कि अपना और दूसरे का ख्याल कैसे रखना है। तो, इन दिनों लड़कों की भी ट्रेनिंग होती है। लड़कियाँ 'पारो' किट का इस्तेमाल

करती हैं और लड़के 'शंकर' किट का। जब उन्होंने हाल ही में ट्विंकल खन्ना से बात की थी, तो लड़के और लड़कियाँ, दोनों ही मौजूद थे। और किसी को पीरियड्स के बारे में बात करने पर शर्म नहीं आ रही थी।

"बहुत अच्छा लगता है..." सलेहा चहकती हैं।

एक लड़की को बोझ समझा जाता था, वही लड़के को किसी राजा की तरह सम्मान दिया जाता था अब हम एक नया संतुलन रच रहे हैं, हर पतझड़ के बाद... बसंत आता ही है!

सुभदीप कौर

उम्र 15 साल, झंडावाला (पंजाब)

नई राह की तलाश

बचपन में वो पंजाब के कपास के खेतों में काम करती थीं। अब वो स्कूल में अपनी प्रतिभा का लोहा मनवा रही हैं और अपने जिले में एक आदर्श हैं।

सुभदीप का जन्म पंजाब–पाँच नदियों की भूमि–में एक ऐसे परिवार में हुआ था, जिसकी अपनी कोई ज़मीन ही नहीं थी।

"मैं 7 या 8 साल की थी जब मेरी माँ मुझे नरमा चुगाई (कपास चुगना) के लिए लेकर जाने लगीं..."

उत्तर भारत में हर साल अक्टूबर से दिसम्बर तक कपास चुगने का सीजन रहता है। और ये बहुत मुश्किल, कमर तोड़ देने वाला काम है। कपास के नाजुक फूलों को सावधानी से उठाना होता है, और इस प्रक्रिया में बहुत मेहनत लगती है। तपती धूप में मज़दूर पूरा दिन खेत में खड़े रहते हैं, और उन्हें बमुश्किल एक घंटे का आराम मिलता है।

"दिन ख़त्म होने तक मेरे पैर दर्द करने लगते और उँगलियाँ सूज जातीं!"

अगर उनका दिन अच्छा होता, तो वो एक दिन में 10 किलो कपास जमा कर लेतीं, जिसके उन्हें 50 रुपये मिलते। कभी-कभी उनका मालिक उन्हें कुछ खाने को दे देता था, लेकिन उसके पैसे वो उनकी मज़दूरी से काटता। मज़दूरों पर चिल्लाना और झल्लाना कि वो 'ठीक से मेहनत नहीं करते' रोज की बात थी।

एक सुबह, जब सुभदीप खेत में काम कर रही थीं तो उन्हें कुछ मीटर की दूरी पर एक बड़ा, काला सांप दिखाई दिया। छोटी बच्ची डर से जम गई, वो नहीं जानती थीं कि आगे क्या

हो सकता था... तभी, जान बचाने के लिए वो खूब तेज दौड़ पड़ीं! उस घटना के कई दिन बाद तक वो खेत पर जाने की हिम्मत नहीं कर सकीं। लेकिन आख़िर उन्हें काम पर लौटना पड़ा।

"मुझे वो काम करना पसंद नहीं था... लेकिन मेरे पास कोई और विकल्प नहीं था।"

मुझे वो काम करना पसंद नहीं था... लेकिन मेरे पास कोई और विकल्प नहीं था।

सुभदीप अनुसूचित जाति से हैं (जिन्हें दलित भी कहा जाता है) जिससे वो न सिर्फ़ गरीब, बल्कि सामाजिक रूप से अस्वीकृत भी हो जाते हैं। तकनीकी रूप से देखा जाए, तो सिख धर्म में 'जाति' का कोई अस्तित्व नहीं है। लेकिन ज़मीनी तौर पर ये हमेशा से चलन में है। बचपन से ही, एक दलित बच्चे को समझ आ जाता है कि वो 'बराबरी' से कुछ कम है। और उसका जन्म सेवा के लिए हुआ है।

और क्या, सुभदीप के पिता ड्राईवर थे लेकिन उनके पास कोई नियमित काम नहीं था। और उन्हें शराब की लत भी थी। बड़ी बच्ची होने के नाते, परिवार के भरन-पोषण का जिम्मेदारी सुभदीप को साझा करनी पड़ी। हालाँकि उन्होंने अपने तौर पर काफ़ी कुछ संभाल भी लिया था, लेकिन इसका असर उनके शारीरिक और मानसिक स्वास्थ्य पर दिखाई देने लगा था।

उनका दूसरे बच्चों से बात करने, उनके साथ खेलने का मन नहीं करता था।

"स्कूल में भी पढ़ाई में सबसे पीछे रह जाती थी।"

नतीजतन, सुभदीप ने स्कूल जाना बन्द कर दिया। आख़िर फायदा भी क्या था? उनके जैसी लड़कियों का वैसे भी कोई भविष्य नहीं होता था... लेकिन चीजें अब बदलने वाली थीं...

"तू चलेगी चिल्ड्रन ग्रुप में?" गाँव की एक लड़की ने सुभदीप से पूछा। "मज़ा आएगा... आजा!"

सुभदीप को कोई अंदाजा नहीं था कि वो क्या था, लेकिन वो बस उत्सुकतावश वहाँ गईं। पंजाब के भटिंडा जिले के झंडावाला गाँव में पिछले ही साल चिल्ड्रन ग्रुप बनाया गया था। वहाँ बच्चे महीने में एक बार मिलकर अपनी समस्याओं पर बात करते थे। और फिर उनका हल निकालने की कोशिश करते। क्योंकि ये सुभदीप की पहली मीटिंग थी, तो वो बस चुप बैठी रहीं।

जब तक कि एक भली दीदी ने नहीं पूछा, "अपने बारे में कुछ बताओ... तुम क्या करती हो? तुम कहाँ पढ़ती हो?"

सुभदीप शर्म से लाल हो गईं। इतने सारे लोगों के सामने वो कैसे कहतीं कि वो तो अब स्कूल भी नहीं जाती थीं? लेकिन इस मीटिंग के दौरान, उन्होंने पहली बार सुना कि बच्चों के भी अधिकार होते हैं। जिसका मतलब था कि सुभदीप के भी

अधिकार थे।

"मुझे बहुत अच्छा लगा... क्योंकि मैं नहीं जानती थी कि बच्चों से काम करवाना जुर्म है।"

चिल्ड्रन ग्रुप ने तय किया कि वो सुभदीप के घर जाकर उनके माता-पिता से बात करेंगे। शुरू में, उनके माता-पिता सहमत नहीं थे और उन्होंने थोड़ा विरोध भी किया।

"सुभदीप मेरी बेटी है... और आप मुझे नहीं बता सकते कि वो क्या कर सकती है और क्या नहीं!" उनकी माँ ने कहा।

कई महीनों के परामर्श और ख़ुशामद के बाद वो उन्हें समझा पाए कि बाल मज़दूरी नैतिक रूप से ग़लत है। और ये क़ानूनन जुर्म भी है। आख़िरकार, अगस्त 2015 में, 14 साल की सुभदीप का गाँव के सरकारी स्कूल में फिर से दाख़िला* करवाया गया। उनके माता-पिता ने कसम खाई कि दोबारा से उन्हें नरमा चुगाई पर नहीं भेजेंगे।

"वो दिन मेरे लिए सबसे बड़ी ख़ुशी का दिन था!"

धीरे-धीरे सुभदीप के बर्ताव और आत्मविश्वास में बदलाव आने लगा। अब वह ज़्यादा विश्वास से दूसरे लोगों से बात करने लगीं। और अब वो म्यूज़िक और डांस जैसी गतिविधियों

---

* 2014-18 के बीच, इका-सेव द चिल्ड्रन प्रोजेक्ट ने पंजाब और हरियाणा के कुल 1.1 लाख बच्चों को मज़दूरी से बचाकर दोबारा स्कूल में दाख़िल करवाया।

में भी हिस्सा लेने लगी थीं।

और वो चिल्ड्रन ग्रुप की भी एक्टिव मेंबर बनी रहीं, जो महीने में एक बार पंचायत भवन में मिला करता और मुद्दों पर बात करता।

उनके मुद्दे होते जैसे आधार कार्ड बनवाना, या बच्चों की पिटाई के दुष्परिणाम के बारे में लोगों को जागरूक करना।

कैम्पेन 'कोमल हाथ, कलम के साथ' विशेष रूप से सुभदीप के दिल के क़रीब है। क्योंकि ये सीधे रूप से कपास चुगने वाले बाल मज़दूरों की समस्या को उठाता है।

"हम माता-पिता से वचन लेते कि न करेंगे, न करने देंगे।"

सुभदीप के माता-पिता ने माना की शुरुआत में उन्हें दिक्कत हुई। क्योंकि उन्हें सुभदीप की कमाई की कमी खली। लेकिन समय के साथ, उन्हें एहसास हो गया कि ये भलाई के लिए ही था। उनके पिता ने पीना छोड़ दिया और ज़्यादा गंभीरता से अपनी जिम्मेदारी उठाई, जबकि उनकी माँ ने लोकल महिला मंडल में भाग लेना शुरू कर दिया। और उनको अपनी बेटी की उपलब्धियों पर गर्व है।

10वीं क्लास की छात्रा, सुभदीप को उनके प्रिंसिपल, टीचर और क्लास के साथी ठीक से जानते हैं। वो स्कूल असेम्बली में बाल अधिकार की बात करती हैं और स्वतंत्रता दिवस समारोह में उन्हें 'रोल मॉडल' की उपाधि से सम्मानित भी

"सभी बच्चों को पढ़ाई करनी चाहिए,
किसी को भी मज़दूरी में नहीं लगना
चाहिए। शिक्षा हर बच्चे का अधिकार है।"

किया गया था। सुभदीप जिले और राज्य स्तर पर काम भी करती हैं। वास्तव में, उन्होंने थिएटर में ट्रेनिंग भी ली और बढ़िया विडियो फ़िल्म बनाना भी सीखा।

और उनके अपने लिए बड़ेबड़े सपने हैं और वो भविष्य के बारे में भी सोचती हैं।

"मेरा चैलेन्ज है कि मैं नौकरी ज़रूर करुँगी!"

सुभदीप हमेशा से टीचर बनना चाहती थीं लेकिन अभी वो इसके लिए सुनिश्चित नहीं हैं। उन्होंने हाल ही में टीवी पर एक फ़िल्म देखी 'मुम्बई की किरण बेदी', और वो उससे बेहद प्रभावित हुईं।

"मैं समाज से सारे अपराध ख़त्म करना चाहूंगी!" वो आदर्शवादी स्वर में कहती हैं।

मेरा तन मुक्त है, मेरा मन भी मुक्त है...
मैं आकाश के तारे देख सकती हूँ!
मेरा टाइम आ गया है...
बड़ा सोचने और ऊँचा लक्ष्य रखने का।

रौशनी बैरवा

उम्र 26 साल, महमूदनगर धानी (राजस्थान)

'मैं' रहने की आज़ादी

बाल विवाह की परम्परा के ख़िलाफ़ वो डटकर खड़ी रहीं। रौशनी राजस्थान की उस प्रथा के ख़िलाफ़ आवाज़ उठा रही हैं, जो अभी भी वहाँ कायम है।

रौशनी अक्सर सोचती हैं कि अगर उनके पिता आज जीवित होते, तो उनकी ज़िन्दगी कुछ और होती।

"मैंने बचपन में बहुत सी तकलीफों को झेला... ख़ासकर पढ़ाई के मामले में।"

रौशनी जब सिर्फ़ 2 साल की थीं, तभी उनके पिता का देहांत हो गया; ऐसे में उनकी माँ की दोबारा शादी करवा दी गई। उस छोटी बच्ची का लालन-पालन उनके दादा-दादी ने किया। हालाँकि अपनी तरफ़ से उन्होंने बच्ची को पालने में कोई कमी नहीं छोड़ी, पर वो लोग थे तो बुजुर्ग और कमज़ोर। उसके दादा बकरियाँ चराकर अपने घर का खर्चा चलाते थे। और उस थोड़ी सी कमाई से ही किसी तरह परिवार का गुजारा चल रहा था।

"बाद में, मेरे दादा ने दूर के एक रिश्तेदार और उसके परिवार को गोद ले लिया, जो बुढ़ापे में उनका सहारा बन सके।"

चाचा-चाची और उनके तीन बेटों को रौशनी से कोई लगाव नहीं था। और उनका मानना था कि लड़की की शादी जल्द से जल्द हो जाए। वैसे भी 2006-7 में राजस्थान के टोंक जिले की पीपलू तहसील के छोटे से गाँव, महमूदनगर धानी में ये कोई बड़ी बात भी नहीं थी।

एक दिन दादा ने रौशनी को बुलाकर कहा, "हमने तुम्हारे लिए

एक अच्छा रिश्ता ढूँढ़ लिया है..."

रौशनी को जोर का झटका लगा। वो तब सिर्फ़ 14 साल की थीं और शादी करने के लिए बिलकुल भी तैयार नहीं थीं।

"लेकिन दादा, मैं पढ़ना चाहती हूँ... कम से कम 12वीं तो करने दो। प्लीज... ऐसा मत कीजिये।"

दादा ने न में सिर हिला दिया। एक छोटी लड़की को ज़िन्दगी की कठिनाइयों के बारे में क्या पता? जैसे ही वो जवान होगी, तो उसे घर में सुरक्षित रख पाना और भी मुश्किल हो जाएगा। और पढ़ना लिखना वो सब ठीक है, लेकिन पढ़ी-लिखी लड़की के लिए पढ़ा-लिखा लड़का भी तो ढूँढना होगा... वो कहाँ से मिलेगा?

बैरवा समुदाय को अनुसूचित जाति में दर्ज किया जाता है, और ये लोग ज़्यादातर भूमिहीन ही होते हैं। उनके बड़े-बड़े परिवार के साथ कमाई के संसाधन सीमित होते हैं। तो आर्थिक नजरिये से देखा जाए, तो दादा सही कह रहे थे... लेकिन रौशनी बैरवा सिर झुकाकर अपनी नियति को मान लेने वालों में से नहीं थीं।

अपने गाँव के कालीबाई बाल समूह की सदस्य होने के नाते, रौशनी जानती थीं कि 'बाल विवाह' ग़लत है। तो अगली मीटिंग में, उन्होंने अपनी बात सामने रख दी।

"मैं इस ग्रुप की सदस्य हूँ, मेरे साथ ग़लत हो रहा है। आपको मेरी मदद करनी चाहिए!"

पूरा बाल समूह रौशनी के दादा से मिलने गया लेकिन उन्होंने किसी की बात नहीं सुनी। तो इस ग्रुप को बनाने वाले, लोकल एनजीओ* के सदस्य भी उनकी मदद को आगे आए। आख़िरकार उन्होंने दादा को शादी स्थगित करने के लिए राजी कर लिया। और ये सब उन्होंने लगन पत्रिका छपने से ठीक पहले किया।

महमूदनगर धानी के उस छोटे से इलाके में ये बात जंगल की आग की तरह फैल गई।

"रौशनी ने अपनी शादी रुकवा दी, रौशनी ने अपनी शादी रुकवा दी!"

समाज इससे ख़ुश नहीं था। सदियों पुरानी परम्परा** को चुनौती देने वाली ये युवा लड़की कौन है? ज़रूर उस लड़की का दिमाग ख़राब हो गया है... और उसका परिवार क्यों उसके पागलपन में साथ दे रहा है?

"उस चुड़ैल से दूर रहना," वो अपनी बेटियों से कहते। यहाँ तक कि रौशनी के अपने चाचा-चाची ने उससे बात करना बन्द कर

---

*शिव शक्ति समिति, रानौली

**दुनियाभर में होने वाले बाल-विवाहों में से 40% केवल भारत में होते हैं।

दिया था। लेकिन रौशनी अपनी बात पर अड़ी रहीं। बल्कि उन्होंने तो ख़ुद को 'ख़ुशक़िस्मत' माना। बहुत सी ऐसी लड़कियाँ थीं जो अपनी शादी का विरोध नहीं कर पाईं, और उन्होंने कम उम्र में ही बच्चे भी पैदा कर दिए।

सदियों पुरानी परम्परा को चुनौती देने वाली ये युवा लड़की कौन है?

"अगर वो नहीं बोल सकती हैं, तो मैं उनके लिए बोलूंगी," युवा रौशनी ने तय किया। और तब से, वो बाल समूह के दूसरे सदस्यों के साथ मिलकर उस मुद्दे को गंभीरता से उठा रही हैं। उनका समूह अपने गाँव और आसपास के इलाके में घर-घर जाकर, बाल विवाह के दुष्परिणामों के बारे में बताता है।

वास्तव में, राजस्थान में 68% लड़कियों की शादी 18 की उम्र से पहले ही हो जाती है। और ये सब बाल विवाह के ख़िलाफ़ बने सख्त क़ानून के बावजूद था। बाल विवाह का पता चलने पर दोषी को 1 लाख रुपये का दंड और दो साल कैद की सजा का प्रावधान है। लेकिन फिर भी ज़मीनी सचाई इससे काफ़ी अलग थी।

जागरूकता बढ़ने के साथ, कुछ परिवारों ने तय किया कि वो अपनी बेटी की शादी 18 साल पूरे होने के बाद ही करेंगे। और कुछ परिवारों ने ज़्यादा होशियार बनते हुए बाल-विवाह को छिपाने के तरीके तलाश लिए।

लेकिन वो नहीं जानते थे कि बाल समूह का सीक्रेट हथियार था बच्चों की आँखें और कान, जिनसे कुछ भी छिप पाना नामुमकिन था। एक दिन एक लड़के ने ग्रुप में आकर अपनी बहन सोनू की शादी का कार्ड दिया। सोनू की उम्र 18 साल से अधिक थी, तो चिन्ता की कोई बात नहीं थी। वो सब आराम से शादी के फंक्शन का मज़ा ले सकते थे।

"लेकिन एक दिन पहले... मेरी छोटी बहन रानू की भी शादी कर रहे हैं," उसके मुंह से निकल गया।

लेकिन रानू तो महज 15 साल की थी! इस खबर के साथ ही सारे बच्चे पंडाल में पहुँच गए। उस परिवार ने मना किया कि ऐसी तो कोई बात नहीं है, लेकिन रौशनी और उसके दोस्तों ने कह दिया कि वो वहाँ से हिलने वाले नहीं हैं। ताकि वो लोग गुपचुप फेरे न डाल सकें। और अंत में, बच्चे कामयाब रहे।

अब तक, रौशनी 15 बाल-विवाहों को रुकवा चुकी हैं और वो टोंक जिले की आदर्श बन गई हैं। उन्हें राज्य सरकार की तरफ़ से 'लाडली सम्मान' से नवाजा गया और वर्ष 2015 में नेशनल इलेक्शन कैम्पेन के दौरान उन्हें महिला और बाल अधिकारों का ब्रांड अम्बेसडर भी नियुक्त किया गया।

टोंक के एसडीएम* रौशनी से इतने प्रभावित हुए कि उन्होंने एक

"जब लोगों को एहसास होगा कि लड़कियाँ बाल-विवाह के विरोध में खड़ी हैं, तो इस प्रथा पर लगाम लगेगी।"

जनसभा में कहा, "तुम पूरे राज्य की बेटी हो, हम तुम्हारी आगे की पढ़ाई का खर्च उठाएँगे।"

रौशनी ने टोंक के एक डिग्री कॉलेज से बीए की और बनस्थली विद्यापीठ से सोशल वर्क में मास्टर्स की डिग्री ली। उनके लोकल एनजीओ, एक कॉर्पोरेट फाउंडेशन और उनके अपने समुदाय के सदस्यों ने उन्हें वित्तीय सहायता प्रदान की। बैरवा, जो कभी अपने हक़ की आवाज़ उठाने वाली लड़की को दबाने की कोशिश करते थे, आज उसके पास सलाह लेने के लिए आ रहे हैं।

"मेरी बच्ची 17 साल 10 महीने की है... अभी शादी कर दें क्या?"

जब रौशनी ने उन्हें और दो महीने इंतजार करने के लिए समझाया, तो वो ख़ुशी-ख़ुशी तैयार हो गए। आख़िरकार, किसी को भी पुलिस की सिरदर्दी और एनजीओ वालों की पूछताछ नहीं चाहिए... ऐसा नहीं है कि अब बाल-विवाह पूरी तरह बन्द हो गए हैं। एक गरीब परिवार अभी भी यही चाहता है कि अपनी सारी लड़कियों की शादी एक ही खर्च में निबटा दे। लेकिन अब ऐसा प्रचलन कम होता जा रहा है।

रौशनी अब टोंक में सखी सेंटर के साथ काम करती हैं। सखी सेंटर को राज्य सरकार ने महिलाओं से जुड़े मुद्दे, मसलन दहेज़

---

* एसडीएम–सब-डिविजनल मजिस्ट्रेट (सरकार के उच्च अधिकारी)

और घरेलु हिंसा को रोकने के लिए बनाया है। रौशनी कठपुतली कार्यक्रमों के माध्यम से लोगों को शिक्षित करने और जागृति फ़ैलाने का काम करती हैं। ऐसे ही कार्यक्रम में एक लड़की अपनी पिता से कहती है:

बापू छोटी सी उम्र में परनायेजो मति न
मेरी ज़िन्दगी नो धुल में मिलायेजे मति न
(बापू, छोटी उम्र में मेरा ब्याह मत करियो
मेरी ज़िन्दगी यूं न बिगाड़ीयो...)

ऐसे शो की समाप्ति पर एक 'देव की ज्योत' को वहाँ मौजूद दर्शकों के बीच घुमाया जाता है, जहाँ सभी अभिभावक कसम लेते हैं कि वो अपनी बेटी की शादी 18 साल की उम्र से पहले नहीं करेंगे। और अब ज़्यादा से ज़्यादा लड़कियाँ अपनी स्कूली शिक्षा पूरी करने लगी हैं, इसका श्रेय राज्य सरकार की उस योजना को भी जाता है, जिसके तहत वो लड़कियों को 8वीं पास करने पर साइकिल, 10वीं पास करने पर लैपटॉप और 12वीं पास करने पर स्कूटी देती है।

"सिर्फ़ 10 सालों में ही... बहुत सा बदलाव हुआ है," रौशनी कहती हैं। "लेकिन आगे और भी बहुत कुछ करना है।"

ऐसा जहान जहाँ बच्चे आज़ाद हैं,
जहाँ उनकी आवाज़ सुनी जाती है।
जहाँ प्यार और सम्मान है,
और बहुत से विकल्प।

रूमी कुमारी

उम्र 24 साल, बरमू, (झारखण्ड)

रोशनी की ओर

उनका जन्म गरीबी में हुआ था लेकिन अपनी शिक्षा के माध्यम से वो अपने हालात से ऊपर उठ पाईं। रूमी अब उन लड़कियों का मार्गदर्शन करती हैं, जो आगे बढ़ने का सपना देखती हैं।

रूमी का जन्म झारखंड के एक गाँव, बरमू में हुआ। उनके परिवार में खाने के लिए बहुत से सदस्य थे।

"मेरे माता-पिता अनपढ़ थे, वो पूरा दिन खेत में काम करते थे और उन्हें कोई फिक्स कमाई भी नहीं थी। तो हमें नहीं पता होता था कि खाने में अगली बार हमें क्या मिलेगा, या कुछ मिलेगा भी या नहीं..."

दिन अच्छा हो, तो घर आते समय रूमी की माँ आधा किलो चावल और कुछ हरा साग ले आती थीं। लेकिन बाकी दिन, उन्हें चावल का मांड पीकर काम चलाना पड़ता था। रूमी और उनके 7 बहन-भाई अक्सर भूखे ही सो जाते थे।

इन परिस्थितियों में किसी भी परिवार की इच्छा यही होती कि उनके बच्चे जल्दी से जल्दी कमाना शुरू कर दें।

हर सुबह, जब रूमी लकड़ियाँ इकट्ठी करने जाती, तो उन्हें रास्ते में स्कूल जाते लड़के और लड़कियाँ मिलते। उनका भी दिल उन बच्चों के साथ जाने का करता लेकिन उनके माता-पिता को उन्हें स्कूल भेजने में कोई फायदा नहीं दिखता। फिर, उन्होंने 'मिड-डे मील'* के बारे में सुना।

"मेरी माँ ने सोचा कि मुझे कुछ खाने को मिल जाएगा... इसीलिए उन्होंने मुझे स्कूल भेजा।"

---

* 2001 में सुप्रीम कोर्ट के फैसले के मुताबिक, भारत के हर सरकारी स्कूल में, छात्रों को लंच टाइम में मुफ़्त भोजन दिया जाएगा।

लेकिन ऐसा ज़्यादा दिन तक नहीं चल पाया। जब वो लगभग 9 साल की थीं, तो रूमी के पास एक बढ़िया प्रस्ताव आया। उनके परिवार के परिचित आदमी ने कहा कि सिमडेगा में रहने वाले परिवार के पास एक नौकरी थी।

पहले मेरे अन्दर हिम्मत नहीं थी

"तुम्हें सुबह थोड़ा-बहुत काम करना होगा, और फिर तुम दोपहर में स्कूल चली जाना," उसने वादा किया था।

खैर, छोटी रूमी को भी ये प्रस्ताव सही लगा। वो 'बेहतर जीवन' की चाह में सिमडेगा गईं। लेकिन सचाई इससे बिलकुल अलग थी। वो लोग छोटी लड़की से बस झाड़ू, पोंछा, बर्तन, शौचालय की सफाई करवाना चाहते थे। और इस सबके बाद वो लड़की चुपचाप किसी कोने में दुबक जाए।

एक दिन रूमी ने पूछा, "मुझे स्कूल भेजने के वादे का क्या?"

"अभी दाख़िले बन्द हो गए हैं, हम अगली बार करवा देंगे," उन्होंने कहा।

जब नया सेशन शुरू हुआ, तो रूमी ने फिर से पूछा, "क्या अब मैं स्कूल जा सकती हूँ?"

इस बार सवाल पूछने पर उनके मुंह पर एक जोरदार तमाचा पड़ा। उसी दिन, रूमी ने ठान लिया था कि उन्हें किसी भी तरह यहाँ से निकलकर अपने घर जाना था। उन्होंने अपने मालिक से कहा कि उन्हें अपने घर की याद आ रही है।

"मुझे मेरे घर जाने दो, प्लीज। मैं एक-दो दिन में वापस आ जाऊँगी।"

हैरानी की बात थी कि वो मान गए और उन्होंने रूमी को बस में बैठा दिया। बस ने रूमी को उनके गाँव से कुछ दूरी पर उतार दिया, अब न रूमी के पास पैसे थे और न ही वो कुछ समझ पा रही थीं। तभी मोटरबाइक पर जाते एक उम्रदराज आदमी ने उन्हें रोते हुए देखकर, अपनी बाइक रोककर पूछा।

उस आदमी ने कहा, "तुम चिन्ता मत करो, मैं तुम्हें सुरक्षित घर पहुँचाऊँगा।"

जब तक रूमी अपने गाँव बरमू पहुँची, रात के 8 बज चुके थे। उनके माता-पिता यूं तो उन्हें देखकर ख़ुश हुए, लेकिन फिर भी उन्हें लग रहा था कि रूमी का वापस काम पर लौट जाना ही सही होगा। एक महीने बाद, रूमी को किसी दूसरे घर में काम के लिए भेज दिया गया। इस बार पटना में।

"मैं वहाँ से भी भाग निकली, और इस बार मैंने कह दिया था कि मैं कभी वापस नहीं जाऊँगी।"

जब रूमी ने अपने माता-पिता से कहा कि वो वापस अपनी पढ़ाई शुरू करना चाहती हैं, तो उन्हें संदेह हुआ। बल्कि उन्होंने पड़ोस के ही गाँव के एक 15 साल के लड़के के साथ उनकी शादी पक्की कर दी।

"शादी से मेरा कुछ नहीं होने वाला... देखो तो शादी ने मेरी

बहनों का जीवन कैसे बर्बाद किया है!" उन्होंने कहा।

कहने को तो उन चारों का 'घर बस गया था' लेकिन वास्तव में उसके क्या मायने थे? सबसे बड़ी बहन की शादी 6 साल की उम्र में हुई थी और उसने 11 की होते-होते बच्चा भी पैदा कर दिया था। वो बच्चा कमज़ोर और बीमार था। और यही कहानी बार-बार दोहराई गई।

रूमी सिर्फ़ एक बात जानती थीं–ये उनकी कहानी नहीं होगी।

उन्होंने सुना था कि उनके जैसे गरीब परिवारों के बच्चों के लिए बोर्डिंग स्कूल होते हैं, तो स्कूल के बारे में और जानकारी निकालने का तय किया। इस स्कूल में दाख़िला मिलना 'बीओ सर'–ब्लॉक एजुकेशन ऑफीसर, के हाथों में था।

एक सुबह वो गईं और उनके ऑफ़िस के बाहर पूरा दिन इंतजार किया। फिर दूसरे दिन गईं और फिर तीसरे। लेकिन रूमी हार मानने वालों में से नहीं थीं। आख़िरकार, चौथे दिन, उन्हें मिलने का समय मिला।

"सर, प्लीज मेरी मदद कीजिए! मैं पढ़ना चाहती हूँ और ये स्कूल ही मेरी आखरी उम्मीद है!"

सर ने तसल्ली से उनकी बात सुनी और कहा कि वो मदद करेंगे। एक महीने बाद भी उनकी तरफ़ से कोई जवाब नहीं आया था। रूमी की माँ ने उन्हें ताना मारा।

“मैंने कहा था, ये सब हवाई किले हैं। कुछ नहीं होने वाला।”

“मैं जानती हूँ मुझे दाख़िला मिलेगा... बस देखती जाओ,” रूमी ने पूरे भरोसे से जवाब दिया।

और यकीनन ऐसा ही हुआ भी। चौथी क्लास पूरी करने के बाद, रूमी को उम्मीद थी कि उन्हें पांचवीं क्लास में दाख़िला मिलेगा। लेकिन कस्तूरबा गाँधी विद्यालय, बरमू में केवल 8वीं क्लास में एक जगह खाली थी। मतलब उन्हें किसी भी दूसरे छात्र से दोगुनी मेहनत करनी थी। क्या वो छोटी लड़की इसके लिए तैयार थी? क्या वो इस फासले को भर पाएँगी?

“मैं करुँगी चाहे जो करना पड़े,” उन्होंने दृढ़ता से कहा। और इस अवसर को आजमाने का सोचा।

बोर्डिंग स्कूल के पहले कुछ दिन यूं ही धुंधला गए। रूमी शर्मीली थीं और किसी से भी बात करने से डरती थीं। रसोई में एक रसोइया उनके ही गाँव से था।

“जब भी तुम्हें अकेलापन लगे, रसोई में आ जाया करो,” उस नरमदिल आदमी ने कहा।

तो रूमी वहाँ चली जातीं और सब्जी इत्यादि कटवाने में मदद कर देतीं। और धीरे-धीरे, उनमें अपने शिक्षकों से बात करने का आत्मविश्वास आने लगा। उनकी मदद से रूमी ने ‘सी’ ग्रेड के साथ 8वीं क्लास पास की। कोई दूसरा बच्चा होता तो शायद इस बात से निराश होता, लेकिन रूमी और बेहतर करने

"इस अवार्ड की वजह से गाँव में अब सब मुझे पहचानते हैं... यहाँ तक कि सरपंच भी मेरी बात सुनते हैं।"

के लिए प्रेरित हुईं। हार मानने का सवाल ही नहीं...

"मैंने सोच लिया था कि 9वीं क्लास में मुझे फर्स्ट डिवीजन लानी है... कड़ी मेहनत करके मैं सेकेंड डिवीजन तक पहुँच पाई!"

शनिवार और रविवार को जब बाकी लड़कियाँ टीवी के सामने जमा होकर फ़िल्में और नाटक देखती थीं, तब सिर्फ़ रूमी ही अपने कमरे या लाइब्रेरी में बैठकर पढ़ती थीं।

"तुम अपने दोस्तों के साथ क्यों नहीं जाती हो?" उनके टीचर उनसे पूछते।

"मैम, अपनी क्लास में मैं सबसे ज़्यादा कमज़ोर हूँ, तो मैं अपना समय टीवी देखने में बर्बाद नहीं कर सकती। प्लीज मुझे 4-5 सवाल दे दीजिये और मैं उनके जवाब तलाशने की कोशिश करुँगी!"

मेहनत का फल मीठा होता है। 10वीं क्लास में, रूमी 35 बच्चों में 9वें स्थान पर रहीं। ये उनकी कड़ी मेहनत का परिणाम था।

उसी साल, एक और डवलपमेंट भी हुआ। विकास भारती फाउंडेशन स्कूल में आया और एक ट्रेनिंग प्रोग्राम* करवाया। रूमी को प्रोग्राम में बहुत मज़ा आया, वहाँ दीदी थीं, जो बहुत अच्छी तरह से उन लोगों से बात कर रही थीं। इससे उन छात्रों

* ललिता और बाबू ट्रेनिंग मोड्यूल को सेव द चिल्ड्रन द्वारा विकसित किया गया।

का आत्मविश्वास बढ़ा। और उन्हें एहसास हुआ कि साथ काम करके समस्याओं से पार पाया जा सकता है।

"मुझे बाल संसद में चर्चा लीडर बनाया गया।"

यह ग्रुप हर शनिवार को मिलता और बच्चों की समस्याओं पर बात करता। मुद्दे कोई भी हो सकते थे, जैसे सेनेटरी नैपकिन की कमी। या कुछ बड़ा भी...

"मैंने ग्रुप में अपनी कहानी सुनाई। और ट्रेनिंग के बाद बहुत सी लड़कियों में अपने घर, या अपने गाँव में बाल-विवाह रोकने का साहस आया।"

जब रूमी अपनी इस नई भूमिका में विकसित हो रही थीं, तो भी एक सवाल उनके मन में बना हुआ था। 12वीं क्लास के बाद क्या होगा? उनके परिवार के पास पैसे नहीं थे कि उनकी आगे की पढ़ाई का खर्च उठा सकें... विकास भारती में उनके मेंटर ने उन्हें 'सक्षम' के बारे में बताया। ये सरकार द्वारा चलाए गए स्किल डवलपमेंट कोर्स थे, जो छात्रों के लिए मुफ़्त थे तथा ये नौकरी दिलवाने की गारंटी भी देते थे।

"हम रांची में तुम्हें हॉस्टल भी दिलवा देंगे," उन्होंने कहा। "कोई चिन्ता की बात नहीं।"

इस भरोसे के बाद भी, रूमी की माँ उन्हें रांची भेजने के ख़िलाफ़ थीं। बड़े शहर में कुछ भी हो सकता है। लेकिन रूमी ने ठान लिया था। बारहवीं की परीक्षाओं में वो अपनी क्लास

में चौथे नम्बर पर आई थीं। इस बीच बहुत सी लड़कियाँ पढ़ाई छोड़कर चली गई थीं, और बहुत कम लड़कियों को ऐसे कोर्स के बाद काम करने का मौक़ा मिलाता।

"ऐसा मौक़ा बार बार नहीं आता... मैं इसे ऐसे कैसे जाने देती?"

जून 2017 में, रूमी ने रांची में विकास भारती हॉस्टल में दाख़िला ले लिया। उन्होंने नम्रता मैम के मार्गदर्शन में, 30 दूसरी लड़कियों के साथ ब्यूटिशियन का कोर्स पूरा किया।

"मैम ने हमें बहुत अच्छी तरह सिखाया और प्रेरित किया कि हम अपना पार्लर भी खोल सकते हैं!"

कोर्स ख़त्म होने तक रूमी को एहसास हुआ कि वो ब्यूटिशियन नहीं बनना चाहतीं। उनका सपना तो आगे पढ़कर, कॉलेज की डिग्री प्राप्त करने का था। विकास भारती की मदद से, रूमी ने राम लखन कॉलेज में बी.ए. करने के लिए दाख़िला लिया। हालाँकि उनके पास ज्योग्राफी, हिस्ट्री और नागपुरी* जैसे विषय थे, लेकिन उनकी मुख्य दिलचस्पी राजनीति में थी।

"मुझसे कॉलेज के चुनावों में खड़ा होने के लिए कहा गया... लेकिन मैंने मना कर दिया। क्योंकि मैं अपनी पढ़ाई पर फोकस करना चाहती थी।"

---

* झारखंड में बोली जाने वाली 22 बोलियों में से एक नागपुरी है।

अपनी क्लास के दूसरे बच्चों से भिन्न, रूमी सुबह 4 बजे उठकर, 5.30 बजे तक 'काम पर पहुँच' (विकास भारती के रिसेप्शन पर) जातीं। इस जॉब से उन्हें पॉकेट मनी मिलती थी, जिससे वो अपना खर्च उठा सकती थीं। क्योंकि वहाँ काम का बोझ ज़्यादा नहीं था, तो वो अपनी पढ़ाई के लिए भी समय निकाल लेती थीं। सुबह 10 बजे रूमी कॉलेज जातीं। और शाम को–अगर इम्तिहान नहीं होते थे तो–वापस से विकास भारती के ऑफ़िस में काम के लिए पहुँच जातीं।

साथ ही, रूमी अपने गाँव की लड़कियों से भी लगातार संपर्क में हैं। वो उनके लिए एक आदर्श हैं और वो लोग स्कूल में दाख़िले या ट्रेनिंग प्रोग्राम के लिए उनसे सलाह लेती हैं।

"मेरी बहन, भांजी, चचेरी बहनों के साथ गाँव की दूसरी लड़कियों की भी मैंने मदद की और कस्तूरबा हॉस्टल में दाख़िला करवाया।"

उनके गाँव से छह लड़कियाँ रांची में सक्षम झारखंड कौशल विकास योजना के तहत ट्रेनिंग करने आईं। कुछ तो वहीं रहकर काम करते हुए अपने परिवार की आर्थिक रूप से मदद करने लगीं।

अब उनके माता-पिता कहते हैं, "आप हमको नयी सोच, नया जीवन दिए हैं।"

रूमी की माँ को अब चिन्ता नहीं है कि उनकी शादी कब

होगी। न ही उनके दिल्ली या बंगलौर जाने से कोई आपत्ति है। वो अक्सर बच्चों के हितों के लिए दूसरे शहरों में अपनी बात रखने जाती हैं।

अपने सफ़र को देखते हुए रूमी कहती हैं, "पहले मेरे अन्दर हिम्मत नहीं थी।"

अब वो अन्याय को देखते हुए मीडिया तक से बात करने में नहीं झिझकतीं। या फिर मुख्यमंत्री के सामने अपने बात रखनी हो। दृढ़ता के उनके छोटे-छोटे क़दमों ने समाज में बड़े बदलाव की नींव रखी।

और रूमी अपनी आख़िरी साँस तक यूँ ही दृढ़ रहना चाहती हैं।

सुनो सुनो ओ सुनाने वालों
बच्चों की कुछ बातें मानो
उन्हें बनाओ पूरा सक्षम
देश हमारा होगा चम-चम

सरस्वती कुमारी धनुक

उम्र 16 साल, इजेसी बस्ती (कोलकाता)

दमदार लड़की

झुग्गी में वो गन्दगी और डर के साए में जीती थीं। सरस्वती और उनके शक्तिमान ग्रुप ने कड़ी मेहनत से सब बदल दिया।

सरस्वती एक गैर-क़ानूनी झुग्गी, इजेसी बस्ती में रहती हैं, जो पोर्ट के विकसित भाग में है।

"मेरी झोंपड़ी एक पुल के नीचे है, जिसके आसपास बड़े-बड़े कंटेनर ट्रक खड़े रहते हैं।"

बच्चे इन लौरियों में छुपम-छुपाई खेलते हैं, जो खतरनाक है, लेकिन उनके पास खेलने के लिए कोई और जगह ही नहीं है। कोलकाता पोर्ट ट्रस्ट और रेलवे की ज़मीन पर, तारातल्ला की निर्माणाधीन मेट्रो लाइन के पास बनी इन झुग्गियों में 1300 परिवार रहते हैं। ये परिवार ज़्यादातर अप्रवासी हैं जो बिहार, यूपी और झारखंड से आए हैं।

वैसे तो कोई भी झुग्गी रहने के लिए ख़ुशनुमा जगह तो नहीं होती, लेकिन इजेसी बस्ती दूसरी झुग्गियों के मुकाबले कुछ ज़्यादा ही बदतर है। क्योंकि यह गैर-क़ानूनी है और इसे कभी भी तोड़ा जा सकता है। तो यहाँ रहने वाले लोग कच्ची झोंपड़ी में ही रहते हैं और कभी पक्का मकान नहीं बनाते। यहाँ नगर निगम की सेवाएँ भी न के बराबर ही हैं। आवारा पशु भी बेरोक-टोक घूमकर यहाँ के लोगों का नुकसान करते हैं और असामाजिक तत्व भी उनकी परेशानी का कारण बनते हैं।

"यहाँ का माहौल अच्छा नहीं है... ख़ासकर लड़कियों का।"

सरस्वती 12वीं क्लास में पढ़ती हैं। अपने स्कूल तक जाने के लिए वो एक लोकल ट्रेन लेती हैं और फिर उतरकर, स्टेशन

से 15 मिनट चलकर अपने स्कूल पहुँचती हैं।

जब बारिश होती है, और कोलकाता में अक्सर बारिश होती है, तो उनकी ज़िन्दगी और मुश्किल हो जाती है। उनके घर में हर तरफ़ से पानी आता है।

लेकिन सरस्वती के लिए इससे भी बड़ी समस्या है उनकी सफ़ेद यूनिफ़ॉर्म, जो उनके गीले जूतों और जुराब की वजह से बुरी तरह गन्दी हो जाती है। इसके लिए उन्हें कई बार डाँट भी पड़ी है।

"लेकिन मैं कर भी क्या सकती हूँ—स्कूल नहीं जाना भी तो अच्छा विकल्प नहीं है!"

सरस्वती जानती हैं कि उनकी जैसी लड़कियों के लिए शिक्षा कितना बड़ा वरदान है। उन्होंने एक बार स्कूल छोड़ भी दिया था और किसी कोई फर्क नहीं पड़ा था। नहीं पढ़ना है तो मत पढ़ो! फिर, एक दोपहर को उन्होंने अपने घर से कुछ दूरी पर एक चमकती, पीले रंग की बस खड़ी देखी।

हमने बच्चों का एक ग्रुप बनाया शक्तिमान* जो हर रविवार को मिला करता था।

वह मोबाइल लर्निंग सेंटर (एमएलसी) था, जिसे ऐसे बच्चों की पहचान करने के लिए बनाया गया था, जो स्कूल छोड़ चुके थे। और

---

*एक लोकप्रिय सुपर हीरो

उन्हें वापस ज्ञान से जोड़ने के लिए।

किताबों, पेन्सिल, खिलौनों और टीचर के ही साथ, वो मोबाइल वैन 'बच्चों के अधिकार' नाम का नया विचार भी लेकर आई थी। ये सब सरस्वती के लिए बहुत नया और दिलचस्प था।

महीने में एक बार बच्चे संडे मीटिंग के लिए अपने एरिया के लीडर, साथ अभिभावकों को भी बुलाते थे। वो लोग शक्तिमान ग्रुप* के काम के बारे में बताते, और ये भी बताते कि उन्हें बड़ों से कैसी मदद चाहिए। बच्चे पोलियो की दवाई, आयरन की गोलियों और माँ व बच्चों के लिए पोषक आहार की ज़रूरतों के बारे में भी बताते।

शक्तिमान ग्रुप ने बस्ती में एक सर्वे करके पता लगाया कि वहाँ 13 ऐसे बच्चे थे, जो स्कूल नहीं जाते थे। सिर्फ़ लड़कियाँ ही नहीं, बल्कि बहुत से लड़के भी ऐसे थे जो किसी भी प्रकार की औपचारिक शिक्षा नहीं ले रहे थे। बल्कि वो लोकल गैराज में गाड़ियों पर पेंट किया करते थे। सरस्वती जानती थीं कि ये ग़लत था। 14 साल से छोटे हरेक बच्चे को स्कूल में होना चाहिए!

"हमने उनके माता-पिता से बात की और 10 बच्चे दोबारा से स्कूल जाने लगे!"

इजेसी बस्ती में बहुत सी समस्याएँ हैं, और उनमें से एक है

---

* सर्व शिक्षा मिशन, राज्य सरकार और सेव द चिल्ड्रन का संयुक्त प्रयास

कालोनी में बनी कच्ची सड़क। वो वास्तव में कीचड़ है और बरसात के दिनों में दलदल बन जाती है। इस समस्या से सिर्फ़ बच्चे ही नहीं, बल्कि वहाँ रहने वाला हर व्यक्ति परेशान था। लेकिन शक्तिमान ग्रुप ने इस बारे में 'कुछ करने' का निर्णय लिया।

जब बच्चे आपस में मिले, तो उनमें से एक ने सुझाव दिया कि उन्हें शहरी विकास और नगर निगम मामलों के मंत्री बॉबी हाकिम से मिलना चाहिए।

"हम उन्हें एक ख़त देंगे, जिसमें हमारी बस्ती की समस्याओं के बारे में लिखा होगा... और वो उन्हें फिक्स कर सकते हैं!"

ख़त सावधानी से अंग्रेजी में लिखा गया और 'ट्यूशन सर' की मदद से उसे टाइप भी किया गया। वो जानते थे कि मंत्री किस एरिया में रहते थे, लेकिन उनके घर का सही पता उन्हें नहीं मालूम था।

"हमें मदद के लिए ट्रैफिक पुलिसकर्मी से पूछना पड़ा... एक बार नहीं, बल्कि दो-तीन बार।"

आख़िर में जब वो हाकिम के घर पहुँचे, तो उन्होंने देखा कि हाकिम गाड़ी में बैठकर कहीं जा रहे थे।

"अंकल, रुक जाइए!" सरस्वती ने पुकारा।

"क्या हुआ बेटा?" मंत्री ने पूछा। उन्होंने बच्चों को कुछ समय

भी दिया, और बच्चों से कहा कि वो अपना ख़त उनके पर्सनल असिस्टेंट को दे दें और उन्होंने मदद का वादा भी किया।

रातों रात तो कुछ नहीं बदलता लेकिन तीन साल बाद, जब आप उस झुग्गी में जाते हैं, तो वहाँ सच में एक पक्की सड़क देखते हैं। टॉयलेट भी साफ़ हैं। इसका कुछ श्रेय स्वच्छ भारत अभियान* को भी जाता है।

लेकिन पानी में फेंका छोटे से छोटा कंकड़ भी एक तरंग तो पैदा करता है। शक्तिमान का प्रभाव न सिर्फ़ कोलोनी में, बल्कि उनके परिवार में भी दिखाई दे रहा था। सरस्वती याद करती हैं कि कैसे पहले उनके पिता दो बेटियों के वजह से निराश रहते थे। वो सोचते थे कि काश उनके एक बेटा होता। लेकिन जबसे वो शक्तिमान के साथ काम करके, विश्वस्त और मजबूत बनी हैं, उनके पिता का नजरिया ही बदल गया।

"मैंने उन्हें बताया कि मदर टेरेसा और इन्दिरा गाँधी जैसी बहुत सी महान महिलाएँ हुई हैं... तो ऐसा नहीं है कि सिर्फ़ लड़के ही होशियार होते हैं!"

सरस्वती के पिता अब अपनी बेटी का पूरी तरह साथ देते हैं। जब भी उन्हें किसी समारोह में बुलाया जाता है, और कोई उनसे बेटों के बारे में पूछता है, तो वो अपनी बेटियों की तरफ़ हाथ करके कहते हैं, "ये मेरे बेटे हैं।"

---

* राष्ट्रीय अभियान, जिसका आगाज़ 2014 में हुआ था।

"हमारी झुग्गी में एक कच्ची सड़क थी, जिसकी वजह से सभी को परेशानी होती थी... तो हम बच्चों ने तय किया कि इसके बारे में एक ख़त लिखकर अपने मंत्री को देंगे, और उनसे इस समस्या के समाधान की कहेंगे।"

सरस्वती की चमक अंदरूनी है। और कुछ अलग करने की उनकी चाह बढ़ती ही जा रही है। वो सपना देखती हैं कि एक दिन वो अपनी बस्ती की महिलाओं को जूट के थैले बनाना और बेचना सिखाएँगी, जिससे उनकी आर्थिक मदद हो सके। सरस्वती अनोयारा खातून* से भी प्रभावित हैं, जो पश्चिम बंगाल के सन्देशखली प्रान्त के 80 ग्रुप के अंतर्गत आने वाले 2000 बच्चों का नेतृत्व करती हैं।

"मैं एक लीडर बनकर देश की भलाई के काम करना चाहती हूँ... जो अभी भी कई मायनों में पिछड़ा हुआ है।"

एक छोटी लड़की के मुंह से निकले बुद्धिमानी के शब्द, जिनका नाम ख़ुद सरस्वती** है। अपना सपना पूरा करने में उन्हें कामयाबी मिले।

* इस किताब का पहला चैप्टर

** हिन्दू पुराणों में सरस्वती को ज्ञान की देवी माना गया है।

ये झुग्गी जो आपको बहुत गन्दी दिखाई देती है
ये मेरा घर है और मैं ख़ुश हूँ
मेरी आँखों में देखोगे तो पाओगे
मेरे सपने, मेरी आशाएँ,
'मैं क्या बन सकती हूँ'

बढ़ेंगे

सोनी

उम्र 18 साल, ग्रांट रोड (मुम्बई)

अपनी ही लीग में

सड़कों की औलाद होने के तौर पर, उनका भविष्य अंधकारमय था। लेकिन ये तब बदला जब सोनी की क्रिकेट खेलने की प्रतिभा को पहचाना गया।

सोनी का लालन-पालन मुम्बई की सड़कों की धूल, लालच और हवस के बीच हुआ।

"मेरे पिता दिव्यांग हैं... वे गाँव में हैं। मेरी माँ और नानी ने मेरी और मेरी दो बहनों की देखभाल की। उन्होंने कड़ी मेहनत की, जिससे हमारे सिर पर एक छत हो सके..."

कई सालों तक, वह छत सिर्फ़ तिरपाल का एक टुकड़ा थी, जो ग्रांट स्टेशन से 200 मीटर दूर, सड़क की एक तरफ़ पड़ी थी। उस छोटी सी झोंपड़ी में, दो महिलाएँ और तीन बच्चे खाते, सोते, पकाते और नहाते थे। उनके मन में हमेशा अगले मानसून या झोंपड़ी हटाए जाने का डर समाया रहता।

"मुम्बई में कुछ भी मुफ़्त नहीं मिलता... हमें उसका भी किराया देना पड़ता था, भले ही वह फुटपाथ पर ही क्यों नहीं था।"

जब गर्मी सहन से बाहर हो जाती, तो सोनी और उनकी बहनें चटाई बिछाकर, बाहर सो जातीं। एक रात किसी आदमी ने आकर एक लड़की को दबोच लिया। क़िस्मत से, उनकी माँ जाग गईं और उन्होंने शोर मचा दिया। वह आदमी घबराकर भाग गया। लेकिन कौन जाने कब कोई और ठरकी वहाँ आ टपकता।

"मेरी नानी पूरी रात जागकर हमारी निगरानी किया करतीं।"

सोनी की नानी एक दुबली-पतली महिला हैं, जिनका कद 4

फुट से भी कम है। उम्र के साथ वो थोड़ा झुक गई हैं, और बर्तन माँजने व फ़र्श साफ़ करने की वजह से उनके हाथ सख्त हो चले हैं। इनमें से कुछ काम तो उनके लिए और मुश्किल बन जाते, क्योंकि उन्हें लिफ्ट का इस्तेमाल करने से डर लगता था। वो सीढ़ियाँ चढ़कर 30 मंजिला इमारत में काम करने जातीं।

"मेरी नानी जैसा कोई नहीं हो सकता," सोनी उत्साह से बतातीं।

ख़ून, पसीने और मेहनत की बदौलत ही सोनी और उनकी बहनों का दाख़िला, दक्षिण मुम्बई के प्राइवेट, अंग्रेजी माध्यम स्कूल में हो सका। लेकिन अच्छी-ख़ासी फीस के बावजूद भी, स्कूल में संसाधनों और स्टाफ की कमी थी। स्कूल वालों ने एक-एक क्लास में 70-80 बच्चे बिठा रखे थे।

"मेरी दिलचस्पी पढ़ाई में बिलकुल भी नहीं थी... मुझे लगता था कि पढ़ाई बेकार है।"

सोनी की दिलचस्पी सिर्फ़ गली क्रिकेट में थी। हर शाम को झुग्गी के लड़कों के साथ, ग्रांट रोड की बाई लेन पर बैटिंग, बॉलिंग और फील्डिंग किया करतीं। लड़कों के उस समूह में वह अकेली लड़की थीं, लेकिन लड़कों को इससे कोई फर्क नहीं पड़ता था–और न ही सोनी को। आख़िरकार, वह एक अच्छी खिलाड़ी थीं और यही बात मायने रखती थी!

एक दिन एक उम्रदराज आदमी सोनी के पास आये। सब उस आदमी को 'सर' पुकारते थे।

उन्होंने कहा, "मैं क्रिकेट कोच हूँ। तुम अजिंक्य रहाने को जानती हो? वो मेरा स्टूडेंट है..."

सोनी बहुत प्रभावित हो गईं। "अजिंक्य रहाने क्या मस्त खेलता है," उन्होंने मन में सोचा। और तभी, अचानक 'सर' ने एक गुगली फेंकी।

"सोनी, मैं तुम्हें कोचिंग दूँगा। बोलो, कोचिंग ज्वाइन करोगी?"

उस शाम अपनी झुग्गी की तरफ़ लौटते हुए सोनी के क़दमों में एक उछाल और मन में एक धुन बज रही थी। सर मुझे कोचिंग में ले रहे हैं... मुझे??? उन्होंने तो कभी अपने सपने में भी नहीं सोचा था कि ऐसा कुछ सम्भव हो सकेगा।

सर ने उन्हें समझा दिया था–बहुत मेहनत करनी होगी। तुम्हें हर सुबह, 6.30 बजे, चर्च गेट के पास ओवल मैदान पहुँचना होगा। तुम वहाँ 3 घंटे तक वार्म अप और ड्रिल करोगी। मौसम चाहे जो हो। चाहे तुम्हारे सिर में दर्द हो या पेट में। किसी भी वजह से छुट्टी नहीं मिलेगी।

"मैं वहाँ पहुँच जाऊँगी," सोनी ने वादा किया। और वह अपने वादे पर कायम रहीं भी।

पड़ोस के लोगों ने फुसफुसाना शुरू कर दिया था... "वो

हमेशा लड़कों के साथ ही क्यों खेलती है?" ... "लड़की बिगड़ जाएगी... हाथ से निकल जाएगी!" लेकिन क़िस्मत से सोनी की माँ और नानी ने हमेशा उनका साथ दिया।

"अगर क्रिकेट से ही मेरे बच्चे को ख़ुशी मिलती है... तो क्यों नहीं? उसे खेलने दो!"

खेल ही सोनी का जुनून, उसका प्यार, उसकी लत बन गया। उनकी उम्र की दूसरी लड़कियाँ जहाँ फ़ैशन, ज्वेलरी और मेक-अप में रूचि ले रही थी, लेकिन सोनी तो सिर्फ़ सीजन बॉल, क्रिकेट बैट, नीपैड और हेलमेट के ही सपने देखती थीं। और बर्फ़-सी सफ़ेद क्रिकेट की यूनीफ़ार्म।

"मैं इनमें से कुछ भी नहीं ख़रीद सकती थी... लेकिन सर ने मेरे लिए सब अरेंज किया।"

जैसे-जैसे उनका गेम निखरने लगा, सर ने उन्हें अण्डर-16 स्टेट टीम के लिए खेलने की कोशिश करने को कहा। वहाँ सेलेक्शन के लिए 400 लड़कियाँ आई थीं। सोनी ने अपना बेस्ट शॉट देकर, फाइनल लिस्ट में अपनी जगह बना ली। ये शायद उनके जीवन का सबसे ख़ुशनुमा पल होता।

लेकिन सब कुछ एक झटके से बिखर गया।

नियमों के हिसाब से, सोनी को 'प्रूफ़ ऑफ़ रेसिडेंस' जमा करवाना था। अधिकारियों ने उनसे उनका राशन कार्ड माँगा, जो सोनी के पास नहीं था। जो थोड़े बहुत काग़ज़ उनकी माँ

के पास थे, वो मानसून के दौरान झुग्गी में भरे पानी से ख़त्म हो गए थे।

"मेरे पास आधार था लेकिन... उन्होंने कहा कि उससे बात नहीं बनेगी।"

ये सोनी के लिए एक बड़ा झटका था, लेकिन क्या करें– ज़िंदगी चलते रहने का नाम है। और जब एक दरवाज़ा बन्द होता है, तो किसी तरह दूसरा खुल ही जाता है। सोनी की छोटी बहन सिमरन की एक दोस्त ने उन्हें सलाम बालक ट्रस्ट के बारे में बताया। वह चर्नी रोड स्टेशन के सामने, बच्चों के लिए एक डे केयर सेंटर चलाते थे।

"हम सेंटर में गए और हमें अच्छा लगा।"

तीनों बहनें नियमित रूप से सलाम बालक में आने लगीं। तब तक सोनी 10वीं क्लास में आ गई थीं और बोर्ड एग्जाम देने वाली थीं। क्योंकि वो कभी पढ़ाई को लेकर गंभीर नहीं रही थीं, तो उन्हें फेल होने की ही उम्मीद थी। और सच में ये कोई बड़ी बात नहीं थी। पढ़ाई करके क्या होगा मेरा?

सलाम बालक ट्रस्ट की दीदी इतनी आसानी से हार मानने वालों में से नहीं थीं।

तुम होशियार हो, सोनी। अगर तुम थोड़ी कोशिश करोगी, तो पास हो जोगी। तुम कॉलेज भी जा सकती हो!

“मैं 12वीं में अच्छे नम्बर लाना चाहती हूँ, जिससे मेरा दाख़िला खालसा कॉलेज में हो सके... उनके पास लड़कियों की क्रिकेट टीम है!”

मेरी दिलचस्पी पढ़ाई में बिलकुल भी नहीं थी... मुझे लगता था कि पढ़ाई बेकार है

उन्होंने सोनी को मैथ की ट्यूशन दी, जो सोनी की कमज़ोरी थी। उन्होंने उन्हें हिन्दी का भी अभ्यास करवाया, वो भी उनके लिए कठिन विषय था। और जब वो घर जातीं, तो पास ही में लक्ष्मी दीदी रहती थीं, जो हमेशा सोनी की मदद के लिए तैयार रहतीं।

जून के महीने की वो बरसाती सुबह थी, जब एसएससी के रिजल्ट की घोषणा हुई।

"मैं पास हो गई... पास हो गई!" सलाम बालक ट्रस्ट में पैर रखते हुए सोनी ख़ुशी से चिल्ला रही थीं। उनकी आँखें गर्व से चमक रही थीं और उनमें आत्मविश्वास भरा था। उन्हें 48% अंक मिले थे, लेकिन ये लोकल जूनियर कॉलेज में, कॉमर्स में दाख़िला लेने के लिए पर्याप्त थे।

और अब उनकी नज़रें ऊँचे लक्ष्य पर टिकी थीं।

"मैं 12वीं में अच्छे नम्बर लाना चाहती हूँ, जिससे मेरा दाख़िला खालसा कॉलेज में हो सके... उनके पास लड़कियों की क्रिकेट टीम है!"

सोनी और उनके परिवार के हालात अब सुधरने लगे हैं। अब वो लोग एक चॉल में रहते हैं, जहाँ न कोई दरवाज़ा है, न

कोई शटर। लेकिन ये सड़कों पर रहने से तो बेहतर है। वो वहाँ ख़ुश हैं।

"इस बार... जब मैं अण्डर-19 गर्ल्स टीम के लिए कोशिश करूँगी... तो मेरे पास घर का पता होगा," उन्होंने कहा।

अतीत में, अपना घर चलाने के लिए सोनी अपनी माँ के साथ लोगों के घर काम किया करती थीं। लेकिन अब, सलाम बालक ट्रस्ट की शहनाज़ दीदी की मदद से, सोनी को इन्वेस्टमेंट कंपनी में इंटर्नशिप मिल गई है। जब वो 18 साल की हो जाएँगी, तो वो उन्हें पार्ट-टाइम जॉब दे देंगे।

"इस तरह वो काम और पढ़ाई साथ-साथ कर पाएँगी," शहनाज़ ने कहा।

और हाँ, क्रिकेट भी खेल पाएँगी। अप्रैल की चिपचिपी गर्मी में, सोनी सुबह 5.30 बजे उठती हैं, जिससे 6.30 बजे तक शिवाजी पार्क पहुँच सकें। और फिर 'ड्रिल' करती हैं। अब वो दूसरी लड़कियों के साथ ट्रेनिंग करती हैं, और उनके कोच भी हैं, जिनकी मोटी फीस है। लेकिन वो सोनी से फीस नहीं लेते।

"मुझे नहीं लगता कि सब लड़कियाँ सीरियस हैं..." वो हँसती हैं। "पर मेरे लिए क्रिकेट ही सब कुछ है।"

सोनी वो दिन याद करती हैं जब उनके लम्बे बाल हुआ करते थे, जिनकी बहुत से लोग तारीफ़ भी करते थे। लेकिन एक सुबह उन्हें एहसास हुआ कि उनके बाल उनकी रुकावट बन

रहे थे। वो हेलमेट में ठीक से फिट नहीं हो रहे थे। तो नाई के पास जाकर बाल कटवा दिए।

"यही इकलौता ऐसा अवसर था जब मेरी नानी सच में बहुत नाराज़ हुईं... उन्होंने दो दिन तक मुझसे बात नहीं की!"

सोनी जानती हैं कि जिस दिन उनका सिलेक्शन इंडियन टीम में हो जायेगा, पूरा शहर उनके बारे में बात करेगा। इससे कम से काम नहीं चलेगा। सिलेक्शन तो परफॉरमेंस, और क़िस्मत की बात है। लेकिन आपको एक रणनीति की भी ज़रूरत होती है।

"इन दिनों में बॉलिंग पर फोकस कर रही हूँ... क्योंकि एक अच्छी टीम को हमेशा एक बढ़िया फ़ास्ट बॉलर की ज़रुरत होती है!"

कुछ दिन पहले तक, सोनी भूखे पेट सोती थीं।
अब, उन्हें सफलता की भूख है।
कंधे पर एक थपकी, एक प्रोत्साहन।
दूर, बहुत दूर तक जाने में मदद करता है...

सलमान

उम्र 19 साल, नई दिल्ली

एक्ट-2

वो अपनी भावनाएँ व्यक्त नहीं कर पाते थे, जब तक उन्हें थिएटर का माध्यम नहीं मिला। सलमान का सपना अब बॉलीवुड में अपनी जगह बनाना है।

सलमान एक एँग्री यंग मैन थे, जिनका गुस्सा जहाँ-तहाँ निकलकर कई तरीकों से उनका ही नुकसान करता था।

"मेरे पिता मेरी माँ को छोड़ गए थे, तो उन्हें सड़कों पर भीख माँगकर गुजारा करना पड़ा।"

अपने बेटे के बेहतर जीवन की चाह में, सलमान की माँ ने उन्हें डेढ़ साल की उम्र में ही शेल्टर में रहने के लिए भेज दिया था। अमन बिरादरी हॉस्टल ऐसे ही बेसहारा बच्चों को बिस्तर और खाना उपलब्ध कराता है। लेकिन वहाँ सलमान को वो प्यार और अपनापन नहीं मिला, जिसके लिए तरस रहे थे।

"मुझे अच्छा नहीं लगता था जब लोग चिल्लाकर मुझसे बात करते थे, ख़ासकर टीचर।"

सलमान अक्सर वहाँ के अधिकारियों से उलझ जाया करते थे। एक बार, बात इतनी बिगड़ गई कि उन्होंने टीचर का गला ही पकड़ लिया... ऐसी हर घटना उन्हें बस और सजा ही दिलवाती और इन सबसे बचने का सलमान के पास एक ही तरीका था–भाग जाना। लेकिन सवाल था कि कहाँ?

"एक बार मैं जब 6 या 7 साल का था, तो मैंने चाय की दुकान में काम करना शुरू कर दिया।"

वो नौकरी सुबह 5 बजे से शुरू होती और आधी रात तक चलती रहती। छोटू* के तौर पर, उन्हें एक दिन का 25 रूपया

---

* बच्चा सहायक

मिलता था। उस समय, गर्म चाय सलमान के हाथ पर गिरकर, उनके हाथों को जलाती रहती थी। लेकिन उन्हें सबसे ज़्यादा डर गिलास टूटने से लगता था।

"मालिक गिलास के पैसे मेरी मज़दूरी से काटता था।"

वो सब सात महीने तक चला, जब तक कि वो उन लोगों से नहीं मिला, जिन्होंने उन्हें 'बेहतर डील' दिलाने का वादा किया। ऐसा काम जिसमें सलमान सिर्फ़ सैंकड़ों ही नहीं, बल्कि हजारों कमा सकते थे। लेकिन जब उन्हें पता चला कि वो लोग उनसे जेब काटने का काम कराना चाहते थे, तो उन्होंने साफ़ मना कर दिया।

"मैं बहुत डर गया था लेकिन किसी तरह मैं उनके चंगुल से निकलने में कामयाब रहा।"

बाहर की दुनिया में कोई सहारा नहीं पाकर, सलमान आख़िरकार वापस से शेल्टर में लौट गए। उनकी माँ भी अपना वास्ता देकर उन पर वापस जाने का दबाव बना रही थीं। उनके पास सलमान और उनकी छोटी बहन शबनम (वो भी उसी शेल्टर में थीं) को देने के लिए कुछ भी नहीं था।

"मेरी माँ किसी तरह रात में, हनुमान मंदिर परिसर में सो जाती थीं।"

अब तक, वो ट्रैफिक सिग्नल पर पानी की थैलियाँ बेचकर कुछ कमाने भी लगी थीं। प्रत्येक थैली की कीमत 25 पैसे थी

लेकिन वो काम आसान नहीं था। तेज गर्मी के साथ, पट्रोल-डीजल का धुआं और लोगों की बदतमीजी। कुछ लोग तो बिना पैसे दिए ही थैली छीनकर, फाड़ देते थे।

"मुझे याद है कि एक बार ऐसा ही कोई झगड़ा चल रहा था, और किसी ने मुझे चाक़ू से घायल कर दिया था..."

सलमान को सबसे ज़्यादा बुरा लगता था अपनी माँ का अपमान। वो एक घटना याद करते हैं, जब उनकी माँ भीख माँग रही थी और एक दुकानदार उनके सामने सौ रुपये का नोट लहराने लगा। फिर, उसने कोई गाली दी और उनके मुंह पर मारा और उन्हें वहाँ से 'फुटने' को कहा।

"ये देख मेरी मुट्ठी भिंच गई और ख़ून खौलने लगा..."

सलमान ने देखा कि उनकी माँ की आँखों से आँसू बह रहे थे। उन्होंने कुछ नहीं कहा और वहाँ से चली गईं। लेकिन जवान लड़का ये बेइज़्ज़ती नहीं सह सकता था। वो कुछ घंटे बाद, अपने दोस्तों के साथ वहाँ लौट आए। उनके पास दिवाली से बचे हुए पटाखे थे। उन्होंने वो पटाखे उसकी दुकान के बाहर फोड़े।

उन्होंने दुकानदार और उसके सेल्समेन के बाहर आने का इंतजार किया।

"तूने आज सुबह मेरी माँ की बेइज़्ज़ती की थी... उसका जवाब देने आया हूँ!" उन्होंने चिल्लाकर उस आदमी से कहा।

ये मेरी गलियाँ हैं... यहाँ मुझे अपने घर का एहसास होता है।

अँधेरे समय में इंसान को आशा की सिर्फ़ एक किरण की ज़रूरत होती है। सलमान को वो उम्मीद संगीत से मिली। हॉस्टल के एक दोस्त ने उन्हें गाने की चुनौती दी। एक महीने तक सलमान ने रेडियो ने पर गाने सुने और ख़ुद ही रियाज़ किया।

"मैंने गाने में उससे टक्कर ली... और मैं अपनी जगह बना सका।"

हर साल, क़ुतुबमीनार पर म्यूज़िक का एक फ़ेस्टिवल होता है, जहाँ टॉप सिंगर संभ्रांत श्रोताओं के सामने प्रस्तुति देते हैं। सलमान का सपना उस फ़ेस्टिवल में गाने का था। बाद में, जब उनका हॉस्टल महरौली शिफ़्ट हो गया, तो आकाश नाम के एक सीनियर ने म्यूज़िक के लिए प्रोत्साहित किया। वो सलमान को अपना 'छोटा भाई' ही समझता था।

अच्छाई का ये भ्रम ज़्यादा देर तक नहीं रह पाया। आकाश सलमान पर कुछ ज़्यादा ही हक़ जमाने और गाली-गलौच भी करने लगे। एक दिन जब सलमान हारमोनियम पर अभ्यास कर रहे थे, तब आकाश ने उन्हें सबके सामने ही थप्पड़ मार दिया। एक बार फिर से, सलमान के पास भागने के अलावा और कोई विकल्प नहीं था। लेकिन वो निराश थे कि मम्मी भी उन्हें ग़लत समझने लगीं।

"मुझे लगा कि मैं आत्महत्या ही कर लूँ लेकिन मैं अपनी माँ से बहुत प्यार करता हूँ, इसीलिए वो क़दम नहीं उठा सका।"

आख़िरकार, सलमान को एक दूसरे शेल्टर (डीएमआरसी चिल्ड्रन होम) में ले जाया गया और वहाँ वास्तव में एक आशा की किरण दिखाई दी। सलाम बालक ट्रस्ट के वालंटियर, पंकज भैया ने सलमान से पूछा कि क्या नुक्कड़ नाटक में एक्टिंग करना चाहेगा।

"मुझे भरोसा ही नहीं हुआ कि वो सच में मुझे मौक़ा दे रहे थे..."

जब कई मोर्चों पर आपको ठुकराया, लताड़ा और दुत्कारा गया हो, तो ऐसे में सच्चे शुभचिंतक को पहचानना भी मुश्किल हो जाता है। सलमान ने शुरुआत में नाराज होकर, इस अवसर को ख़ुद से दूर कर दिया था। लेकिन पंकज भैया आसानी से हार मानने वाले नहीं थे। धीरे-धीरे, लेकिन निश्चित तौर पर वो सलमान का भरोसा जीतने में कामयाब रहे।

"पूरी ज़िन्दगी मुझे बताया गया था... तुम किसी लायक नहीं हो... तुम बेकार हो!"

लेकिन अब समय आ गया था कि उस सोच को बदला जाए। 13 जनवरी, 2011 की तारीख सलमान कभी भुला नहीं पाएँगे। ये वो दिन था जब उन्होंने पहली बार मंच पर अभिनय किया था। पाँच मिनट के नाटक में उन्हें 30 सेकंड की भूमिका

"बच्चों की समस्याओं के बारे में लगभग कोई बात
नहीं हो रही है। मीडिया तो बस राजनेताओं और
फ़िल्मी सितारों के पीछे पड़ा है–वो भला बच्चों के बारे
में क्यों सोचने लगे, ख़ासकर गरीब बच्चों के बारे में?"

निभानी थी, लेकिन उनके लिए ये बदलाव का पल था, ख़ुद को समझने का पल था।

"मैं अपने आप को पाना चाहता था... और वो मुझे हासिल हुआ।"

गुस्सा, तकलीफ़ और दर्द सब अभिव्यक्ति में तब्दील हो गए।

श्रोताओं ने सलमान का खड़े होकर स्वागत किया। उस पल एक एक्टर का जन्म हो गया था।

अगले कुछ सालों तक, सलमान सलाम बालक ट्रस्ट के ट्रूप का अभिन्न हिस्सा रहे। ट्रस्ट का मकसद नुक्कड़ नाटकों के माध्यम से बाल अधिकारों के प्रति जागरूकता फैलाना था। वो लोग झुग्गियों, सड़कों और चिलचिलाती धूप में अभिनय करते। लेकिन इस सबसे सलमान को कोई फर्क नहीं पड़ता है।

ये मेरी गलियाँ हैं... यहाँ मुझे अपने घर का एहसास होता है।

उन्हें ऐसी ही भूमिकाएँ निभाने में ज़्यादा मज़ा आता है, जो उनके जीवन के क़रीब हों। 14 साल की उम्र में, सलमान ने पहली बार मुख्य भूमिका अदा की। उस नाटक का नाम था जिसने खोजा उसने पाया। ये क़ादिर नाम के लड़के की कहानी है, जो अपनी नियति की तलाश में निकल पड़ता है।

उनका अन्य सफल नाटक था मैं भी तो बच्चा हूँ। ये ऐसे

लड़के की कहानी है जिसे स्कूल नहीं जाने दिया गया, क्योंकि उसके पिता उसे पैसे कमाने भेज देते हैं। सलमान जानते हैं कि वो ख़ुशक़िस्मत रहे कि उनके पास एक ऐसी माँ हैं, जो उन्हें स्कूल में पढ़ाने के लिए एक शेरनी की तरह लड़ीं।

"वो उनकी हिम्मत थी... उन्होंने मुझे छोटे-मोटे काम नहीं करने दिए, भले ही हमें भूखे पेट क्यों न सोना पड़ा हो।"

एक्टिंग ने सलमान को विश्वास दिया, और बेशुमार मौक़े भी। वो उन चुनिन्दा 30 बच्चों में से थे, जिन्हें बॉलीवुड के भूतपूर्व एक्टर पी.के. शर्मा से ट्रेनिंग के लिए चुना गया। और इस प्लेटफार्म के जरिये उन्हें फ़िल्म भाग मिल्खा भाग* में एक छोटा सा रोल निभाने का भी मौक़ा मिला।

और भी कई छोटे रोल निभाए, जब तक सलमान को पहाड़गंज में 'बिग ब्रेक' नहीं मिला। फ़िल्म पहाड़गंज में उन्होंने एक ऐसे गैंगस्टर की भूमिका अदा की थी, जिसका दिल सोने का था। फ़िल्म ने बॉक्स ऑफ़िस पर तो कोई ख़ास कमाल नहीं दिखाया, लेकिन इससे सलमान के जोश में कोई कमी नहीं आई।

"इस लाइन में ऐसा ही होता है..."

हालाँकि एक्टिंग अभी भी सलमान का पहला प्यार है, पर वो 10वीं क्लास के बोर्ड एग्जाम भी दे रहे हैं। वो जानते हैं कि

---

* मिल्खा के बचपन का दोस्त

उन्हें नेशनल स्कूल ऑफ़ ड्रामा (एनएसडी) तक पहुँचने के लिए ग्रेजुएशन पूरी करनी होगी। और यकीनन, एक दिन वो वहाँ होंगे।

अन्दर की आग आशा से धधकती है
सपनों की ताक़त और ऊर्जा से
आगे क्या लिखा है हम नहीं जानते
लेकिन ख़ुद पर विश्वास बने रहना सबसे
बड़ा सत्य है।

सुमित

उम्र 15 साल, भँवर सिंह कैंप (नई दिल्ली)

मन की बात

उनका पालन-पोषण कठिन परिस्थितियों में हुआ। लेकिन उन कठिनाइयों ने सुमित को ऐसा रैप तैयार करना सिखाया, जो जीवन का सन्देश देता है।

बचपन में सुमित गर्मी के लम्बे, गर्म दिन बिना किसी पंखे, कूलर या एयरकंडीशन के बिताते थे।

"दरअसल पूरा-पूरा दिन लाइट ही नहीं आती थी," वो याद करते हुए बताते हैं। "तब पानी की भी बहुत किल्लत हुआ करती थी।"

भँवर सिंह कैंप, वो झुग्गी जहाँ सुमित रहते हैं, में महिलाएँ सुबह जल्दी उठकर उन थोड़े बहुत हैंड-पम्प के आगे लाइन लगा लेती थीं, जो उस इलाके में उनके लिए उपलब्ध थे। और वहाँ अक्सर ही पानी लेने को लेकर लड़ाइयाँ होने लगती थीं। हालाँकि वहाँ से लगभग बाजू में ही सटे, वसंत कुंज के हाई-फाई इलाके में होज पाइपों से पानी लॉन में छिड़का जाता था। और घरों में सारा दिन एयर-कंडीशनर चलते।

फिर भी, भँवर सिंह कैंप के बच्चों के मन में इसे लेकर कोई कड़वाहट, बेचैनी या बुराई नहीं थी। उन्हें अपने तरीकों से ज़िन्दगी का मज़ा लेना आता था।

"हम सूरज की तपती गर्मी में क्रिकेट खेला करते... और मैं एम.एस. धोनी बनने के सपने देखता," वो दाँत दिखाते हुए कहते हैं।

और फिर एक दिन 'मैज़िक बस' नाम का एनजीओ उनके कैंप में आया, और सुमित का मन एक नए खेल, फुटबॉल में

लगने लगा। ये बहुत मज़ेदार था! लेकिन सुमित के जीवन में एक उससे भी दिलचस्प चीज थी... उनके एक बड़े कज़िन म्यूज़िक से जुड़े थे। भैया के साथ घूमते हुए, सुमित ने एक नई ही दुनिया को देखा। रैप की दुनिया।

"मुझे इक्का और बादशाह जैसे रैपर्स के बारे में पता चला... जो हिन्दी में रैप बनाते थे! मैं उनसे बहुत प्रभावित हुआ।"

सुमित को हमेशा से म्यूज़िक में दिलचस्पी थी, लेकिन उन्हें नहीं लगता था कि उनकी आवाज़ इतनी मधुर थी कि 'इंडियन आइडल' जैसे शो में चमक सके! लेकिन रैप के साथ सुरीला होना उतनी बड़ी शर्त नहीं थी। रैप में सिर्फ़ गाने के बोल और आपका उसे पेश करने का नजरिया मायने रखता था। अगर आपके पास कुछ कहने को है, तो लोग वो सुनेंगे। लेकिन रैप में आख़िर लिखना क्या चाहिए?

इंडियन रैप गानों में ज़्यादातर सुन्दर लड़कियों और महँगी कारों की बात होती है। लेकिन सुमित उस भेड़चाल में शामिल होना नहीं चाहते थे।

"वो तो कोई भी लिख सकता है," उन्होंने सोचा।

और वैसे भी उनके पास उस तरह के जीवन का कोई अनुभव तो था नहीं! वो तो बस झुग्गी के जीवन के बारे में जानते थे, तो उन्होंने उसी के बारे में लिखने का निर्णय लिया। और इस

तरह उनके शब्द बाहर आए।

पानी
माने या ना माने हमारी ये कहानियाँ
भँवर सिंह कैंप की ये ज़िन्दगानियाँ
पुरानी जानी मानी सुनी हैं कई की ज़ुबानियाँ

सूरज से पहले हमारी सुबह होती है
चार बजे से पहले दुनिया जंग शुरू होती है

शौच की यहाँ समस्या बड़ी है
छोटी छोटी गलियों में जनता बड़ी है
बूँद-बूँद पानी और लाइन लम्बी लगी है

बच्चों के अपने लोकल ग्रुप में सुमित ने ये जुगलबन्दी सुनाई। सुमित उस ग्रुप में एक्टिव वालंटियर थे। उस ग्रुप के मेंटर उनसे प्रभावित हुए।

"क्या तुम 15 अगस्त को, स्वतंत्रता दिवस के मौक़े पर इसे परफॉर्म करोगे?"

सुमित तुरन्त तैयार हो गए—उन्हें स्टेज पर जाने में कोई झिझक या डर नहीं था। उस परफॉरमेंस की काफ़ी तारीफ़ हुई और उन्हें नकद इनाम भी मिला।

"सबको मेरा गाना पसंद आया... और वो मुझे पूछने लगे कि

मैं आगे क्या लिख रहा था!"

खैर, ये दो साल पहले की बात थी और सुमित ने उसके बाद से दोबारा पीछे मुड़कर नहीं देखा। सुमित को उसे बाद से कई कम्युनिटी इवेंट, स्कूल फंक्शन और चिल्ड्रन फोरम पर रैप गाने के लिए बुलाया गया।

मुझे रैप की प्रेरणा अपने जीवन के कठिन अनुभवों से मिलती है।

अपने खाली समय में, सुमित अपने विचारों को गीत की शक्ल में लिखते हैं। वो अपनी नोटबुक में लिखते और मिटाते रहते हैं और जो भी वो लिखते हैं वो अपने दोस्तों को भी सुनाते हैं। लेकिन सबसे पहले वो अपना नया गाना अपनी माँ को ही सुनाते हैं। उनकी माँ एक सिंपल महिला हैं, जिन्होंने बड़े लाड़ से अपने चार बच्चों का पालन-पोषण किया और आज उनकी उन्नति पर उन्हें गर्व है।

"पहले मुझे लगता था कि ये क्या बड़बड़ है पर अब मैं भी इसकी फैन बन गई हूँ!" माँ ने प्यार से कहा।

सुमित अक्सर अपने छोटे से किचन में चक्कर काटते हुए लिखते हैं, जो उनके एक-कमरे के घर के ठीक ऊपर बना है।

वो गाजर या टमाटर चबाते हुए अपने नए गाने के शब्दों के साथ जूझते हैं। ऐसे शब्द जो समझने में तो आसान हों, लेकिन

उनका एक मतलब भी हो और उनमें वज़न भी हो। और सिर्फ़ ऐसा ही गीत लोगों के दिल पर अमिट छाप छोड़ सकता है।

"जब आप सिर्फ़ ऐसे ही कहते हो कि ये करो–वो करो, तो कोई नहीं सुनता। लेकिन जब आप यही बात गाने के माध्यम से कहते हैं तो असर पड़ता है।"

सुमित का एक हालिया गीत स्वच्छता पर है, जो वर्तमान में हमारा नेशनल कैम्पेन है। उसके बोल कुछ यूँ हैं :

सब... अपने घरों को तो साफ़ रखते हैं
पर गलियों में गन्दगी फैलाते हैं
कई बीमारियों से घिर जाते हैं

दिल्ली को इससे ऊपर उठाना है
दिल्ली है राजधानी
हमें राजधानी दिल्ली को बनाना है

भँवर सिंह कैंप के कूड़ा-करकट की स्थिति में उल्लेखनीय बदलाव हुआ है। और इस बदलाव में इस गीत ने भी महत्त्वपूर्ण भूमिका निभाई है।

वास्तव में, पिछले 2-3 सालों में पूरी ज़िन्दगी में ही बड़ा बदलाव आया है। स्थानीय प्रशासन के प्रयासों की वजह से,

"जब आप सिर्फ़ ऐसे ही कहते हो कि ये करो–वो करो, तो कोई नहीं सुनता। लेकिन जब आप यही बात गाने के माध्यम से कहते हैं तो लोग अपने आपको उससे जुड़ा हुआ महसूस करते हैं।"

अब भँवर सिंह कैंप में चौबीसों घंटे बिजली आती है। पानी की किल्लत अब अतीत की बात रह गई है और अब तो वहाँ एक सार्वजिनक शौचालय भी बन गया है, जिसमें बायो-डाइजेस्टर और सोलर पैनल की सुविधा भी हैं। यकीनन, इन विषयों पर रैप भी खूब हैं।

स्कूल की लाइफ होती है मज़ेदार
थोड़ी करते बदमाशी थोड़ी करते लड़ाई

टीचर के यहाँ करते हैं पढ़ाई
एक बात समझ नहीं आती है
सारी पढ़ाई क्यूँ सर के ऊपर से जाती है

जब वो ये गान स्कूल में गाते हैं, तो उनके सहपाठी ख़ुशी से चिल्लाने लगते हैं। क्योंकि ठीक यही भावना उनके भी मन में होती। गानों के माध्यम से लोगों से जुड़ने, वास्तविक जीवन से जुड़ने का हुनर सुमित को बखूबी आता है।

'गली बॉय'* फ़िल्म की रिलीज इस 14 साल के लड़के के लिए लकी ब्रेक रही। उन्हें टीवी चैनल 'दिल्ली आज तक' पर बुलाया गया और फिर उसके बाद कई रेडियो स्टेशन पर। और क्या, उन्हें अपने आइडल, इक्का सिंह से मिलने का मौक़ा मिला! रैपर ने सुमित को ऐसे 'अच्छे गाने लिखने' के लिए प्रोत्साहित किया, जिनका मज़ा पब्लिक ले सके।

---

* मुम्बई के धारावी झुग्गी में रहने वाले रैपर पर 2019 में बनी बॉलीवुड फ़िल्म

हालाँकि सुमित के लिए प्यार और यार पर गाने गाना ज़्यादा आसान होता, लेकिन वो मुद्दों से जुड़े गानों पर ही टिके रहे।

"रैपर इन्सान तब बनता है जब उनके ऊपर बहुत सारी चीज़ बीतती है।"

अपनी ज़िन्दगी के अलावा, सुमित वर्तमान घटनाओं से भी प्रेरणा लेते हैं। निर्भया वाली घटना से प्रेरणा लेते हुए उन्होंने महिलाओं की सुरक्षा पर लिखा और अभी हाल ही में, फ़ौज़ियों (फ़ौज़ियों पर हुए पुलवामा हमले के बाद) पर लिखा।

उनके इस टैलेंट पर आम आदमी पार्टी की नज़र पड़ी और उन्होंने आम विधानसभा चुनावों के समय, सुमित से अपनी पार्टी का प्रचार गीत लिखने को कहा। वो हर लाइन के लिए मोटी रकम देने को तैयार थे।

हालाँकि, सुमित अका 'डीजे काकू' ने उनका ऑफर ठुकरा दिया।

"हमने घर पर इस बारे में चर्चा की और मेरे अंकल ने कहा–'तुम अभी राजनीति के लिए बहुत छोटे हो'–तो फिर मैं नहीं गया!"

सुमित का सपना एक बड़ा रैप संगीतकार बनना है। उनकी योजना अपना यूट्यूब चैनल शुरू करने की है। एक दोस्त उन्हें बीट्स मिक्स करना सिखा रहा है, जिससे उनके रैप

की ख़ूबसूरती बढ़ेगी। और जल्दी ही वो अपनी ज़रूरत के लिए त्रिलोकपुरी का स्टूडियो इस्तेमाल कर पाएँगे। तब तक, सुमित के मन में हर समय कोई नया गीत पक रहा है...

कुछ लोग दुनिया को उदासी और निराशा से भरा हुआ मानते हैं मैं कहता हूँ कि ये बहुत ख़ूबसूरत है, बस इसे कुछ मरम्मत की ज़रूरत है

आभार

इन बेमिसाल और अक्सर 'दिखाई न देने वाले' बच्चों से मिल पाना असम्भव होता अगर सेव द चिल्ड्रन और उनके पार्टनर्स के स्टाफ ने हमारी मदद नहीं की होती। इस किताब के प्रोत्साहन के लिए हम *बिदिशा पिल्लई* (सीईओ) और *विशाल चावला* (सीओओ) के आभारी हैं। कैम्पेन टीम ने इस प्रोजेक्ट के दौरान लगातार हमारी मदद की : *प्रज्ञा वत्स, रचित शर्मा* और *श्रीपूर्णा मजूमदार*। बच्चों से हमारा परिचय कराने वाले स्टाफ के सदस्यों का भी विशेष आभार : *अनीशा घोष, अस्मा धार, अविनाश सिंह, बिपिन कुमार, चित्ताप्रियो साधू, हेमंत आचार्य, जतिन मोंदार, महादेव हंसदा, मौमिता साहा, नागय्या, नेहा सबरवाल, निलेश निकडे, रफी हुसैन, रूपाली गोस्वामी, संजय सिंह, शरीफ़ भट, सौमि हल्दर, सुहैल* और *विकास गोरा*। आप लोग सच में चाइल्ड चैंपियंस हैं!

युवा फ़ोटोग्राफ़र *राघव चावला* का आभार, उन्होंने इस किताब के लिए कई बच्चों की तस्वीरें लीं।

सेव द चिल्ड्रन

100 वर्षों से

सेव द चिल्ड्रन अन्तरराष्ट्रीय स्तर पर बच्चों के अधिकार क्षेत्र में काम करने वाली प्रमुख संस्था है, जो वर्ष 1919 से 120 देशों में काम कर रही है।

भारत में वे 9 राज्यों में काम करते हैं और 2008 में बाल रक्षा भारत के रूप में रजिस्टर्ड हुए। पिछले एक दशक में, उनके प्रयासों से एक करोड़ से ज़्यादा बच्चों के जीवन में सकारात्मक बदलाव हुआ है।

सेव द चिल्ड्रन की महत्त्वाकांक्षा साफ़ है : वो एक ऐसी दुनिया बनाना चाहते हैं, जहाँ बच्चे साँस ले सकें, कुछ सीख सकें और गाली, लापरवाही और शोषण से बच सकें।

सरकारी कार्यक्रमों के साथ काम करते हुए, वे लगातार ऐसी नीतियों की पैरवी करते हैं जो बच्चों के हक़ में हों, जो बच्चों और उनके समुदाय को आपस में जोड़े रखें और साथ मिलकर सामाजिक ताने-बाने में बदलाव लाएँ।

सेव द चिल्ड्रन/बाल रक्षा भारत आने वाले समय में 40 लाख पिछड़े बच्चों का जीवन सुधारने की ओर अग्रसर है।

वो बच्चों के लिए सच्चे चैंपियन हैं।
www.savethechildren.in
ट्विटर पर फ़ॉलो करने के लिए (@stc_india), फेसबुक (india.savethechildren) व इन्स्टाग्राम (@savethechildren_india)

रश्मि बंसल एक लेखिका, उद्यमी और प्रेरक वक्ता हैं। आपने उद्यमिता पर 10 बेस्टसेलिंग किताबें लिखी हैं–*स्टे हंग्री स्टे फूलिश, कनेक्ट द डॉट्स, आई हेव ए ड्रीम, पुअर लिटिल रिच स्लम, फॉलो एवरी रेनबो, टेक मी होम, अराइज, अवेक, गॉड 'स ओन किचन, टच द स्काई और शाइन ब्राइट*—जिनकी 12 लाख से ज्यादा कॉपियाँ बिक चुकी हैं और 12 भाषाओं में अनूदित हुई हैं। आप महिलाओं के कार्यक्षेत्र में भागीदारी की पक्षधर हैं और छात्रों व युवा उद्यमियों का मार्गदर्शन करती हैं। रश्मि ने मुम्बई के सोफ़िया कॉलेज से ग्रेजुएशन की और IIM अहमदाबाद से एमबीए हैं। आपसे संपर्क के लिए : www.facebook.com/rashmibansal, www.twitter.com/rashmibansal या mail@rashmibansal.in

देवेन्द्र टाक कभी *बिजनेस इंडिया, डेबोनैर, द इंडिपेंडेंट* और *इंडियन एक्सप्रेस ऑनलाइन* में पत्रकार हुआ करते थे। अब आप बच्चों के अधिकार की प्रमुख अंतर्राष्ट्रीय एजेंसी *सेव द चिल्ड्रन* के लिए काम करते हैं। आपने अनेकों अंतर्राष्ट्रीय संगठनों के लिए गम्भीर परिस्तिथियों में काम किया है, जिनमें प्रमुख हैं : इंटरनेशनल रेड क्रॉस एंड रेड क्रेसेंट मूवमेंट। काम के सिलसिले में आपने बहुत सफ़र किया है, जिसमें प्रमुख मिशन हैं : अफगानिस्तान (युद्ध), मालदीव (सूनामी), नेपाल (भूकंप) और सोमालिया (सूखा), जहाँ आप भिन्न पृष्ठभूमि के लोगों से मिले और उनकी विभिन्न चुनौतियों को समझा। आपको बचपन से ही लिखने का शौक रहा है, लेकिन आपको तब तक लिखने के लिए कुछ उपयोगी नहीं लगा, जब तक कि इस किताब में दर्ज बच्चों से नहीं मिले।